MICHAEL COLLINS PIPER

DIE HOHEPRIESTER

DES KRIEGES

Die geheime Geschichte der Machtübernahme der
trotzkistischen „Neokonservativen" in den USA und der
Orchestrierung des Krieges gegen den Irak, der ersten Etappe
ihres Projekts eines Weltreichs

ⒸMNIAVERITAS.

MICHAEL COLLINS PIPER

Michael Collins Piper war ein US-amerikanischer politischer Schriftsteller und Radiomoderator. Er wurde 1960 in Pennsylvania, USA, geboren. Er war ein regelmäßiger Mitarbeiter von The Spotlight und dessen Nachfolger American Free Press, Zeitungen, die von Willis Carto unterstützt wurden. Er starb 2015 in Coeur d'Alène, Idaho, in den USA.

Die Hohepriester des Krieges
Die geheime Geschichte der Machtübernahme durch die trotzkistischen „Neokonservativen" in den USA und der Orchestrierung des Krieges gegen den Irak, dem ersten Schritt in ihrem Projekt eines Weltreichs

The High Priests of War
The Secret History of How America's „Neo-Conservative" Trotskyites Came to Power and Orchestrated the War Against Iraq as the First Step in Their Drive for Global Empire

Erster Druck in den USA: Juni 2004 American Free Press

Übersetzt und herausgegeben von
Omnia Veritas Limited

OMNIA VERITAS®

www.omnia-veritas.com

© Omnia Veritas Ltd - 2025

ÜBER DAS COVER...

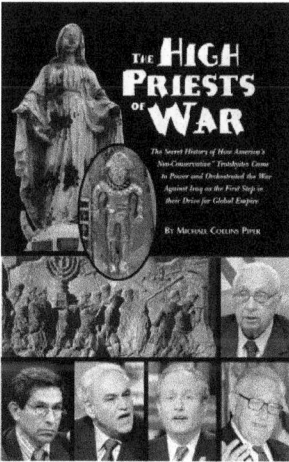

Oben links befindet sich das Bild einer Statue der Jungfrau Maria, auf die ein Panzer der israelischen Armee am 14. März 2002 schoss, wobei die Nase gebrochen und die Hände abgetrennt wurden. Die verhasste Statue befand sich über dem katholischen Krankenhaus und Waisenhaus der Heiligen Familie in Jerusalem, neben einer Flagge des Vatikans. Die Israelis schossen aus nächster Nähe auf die Statue. Es war kein Unfall. Es war ein Akt des Hasses.

Der Hass drückt sich auch in dem gewalttätigen Bild von Hamans Erhängung aus, das einem jüdischen religiösen Artefakt entnommen wurde. Als einer der ersten von vielen Feinden des jüdischen Volkes wird Hamans Hinrichtung am Purimfest gefeiert, das - rein zufällig, wie es heißt - den Beginn des Krieges gegen den Irak markierte, was jüdische Zeitungen zur Kenntnis nahmen, indem sie Saddam Hussein als den modernen Haman bezeichneten.

Auf der linken mittleren Ebene erinnert ein Relief des Titusbogens in Rom an die Plünderung Jerusalems durch die Römer und die triumphale Entführung der Menora aus dem jüdischen Tempel.

Der Fall Jerusalems - eine der großen Katastrophen in der jüdischen Geschichte - reiht sich ein in die lange Reihe von Ereignissen, die den bis heute andauernden Nahostkonflikt geprägt haben.

In der Mitte rechts steht Ariel Sharon, der brutale israelische Cäsar, dessen harte Politik gegenüber den christlichen und muslimischen palästinensischen Arabern unter seinen Landsleuten sehr beliebt ist und von den meisten jüdischen

Führern in den USA und ihren Verbündeten in der neokonservativen Bewegung trotz einer großen jüdischen Basisopposition sehr bewundert wird.

Scharons Ziel, „Groß-Israel" zu verwirklichen, ist ein fester Bestandteil der neokonservativen Agenda und stellt den Gipfel des Hasses und des Imperialismus dar.

Unten, von links nach rechts: Paul Wolfowitz, Richard Perle, William Kristol und Henry Kissinger, die vielleicht mächtigsten Figuren des neokonservativen Netzwerks, das den tragischen US-Krieg gegen den Irak inszeniert hat. Die neokonservativen Hohepriester des Krieges träumen von der Errichtung eines Weltreichs und wollen die amerikanische Jugend als Kanonenfutter für ihre Ziele missbrauchen.

Das ist Hass und wir *müssen* den Hass bekämpfen.

Unser besonderer Dank gilt John Tiffany, der wie immer hervorragende redaktionelle Arbeit geleistet hat. Sie suchen den besten Redakteur der Welt? Das ist John. Er wird Sie mit seinen Fragen und Pingeligkeiten in den Wahnsinn treiben, aber er macht die Arbeit. (John kann unter folgender Adresse kontaktiert werden: xuou@yahoo.com) Alle Fehler in diesem Buch sind meine eigenen. Das bedeutet lediglich, dass ich Johns weise Ratschläge ignoriert habe.

Wir danken Lamis Andoni auch dafür, dass er uns erlaubt hat, seine hervorragende Darstellung der schändlichen Machenschaften von Bernard Lewis zu zitieren.

Mein besonderer Dank gilt Bill und Kathleen Christison sowie Anis Shivani, deren eindringliche Kommentare auf counterpunch.org meine Bemühungen maßgeblich unterstützt haben.

John Suggs Arbeit unter atlanta.creativeloafing.com ist ein „Muss" für alle, die sich für die Intrigen der herrschenden Macht interessieren.

Die Bedeutung der Arbeit von Andrew Bacevich, insbesondere seines Buches „American Empire", kann nicht hoch genug eingeschätzt werden.

Danke an diese und viele andere, die es gewagt haben, sich mit den meisterhaftesten Intriganten anzulegen, die jemals eine so immense Macht in Amerika innehatten.

-MCP

„SCHLECHTE ORTE"...

„Die Liste der möglichen schlechten Orte beginnt nicht mit Spukhäusern und endet nicht mit Spukhotels; Horrorgeschichten wurden über Spukbahnhöfe, Autos, Wiesen und Bürogebäude geschrieben. Die Liste ist endlos und geht wahrscheinlich auf den Höhlenmenschen zurück, der sein Felsloch verlassen musste, weil er etwas hörte, das wie Stimmen aus dem Schatten klang. Ob es sich dabei um echte Stimmen oder um Stimmen des Windes handelt, ist eine Frage, die wir uns in dunklen Nächten immer noch stellen".

-DER MEISTER DES HORRORS STEPHEN KING

Die Hohepriester des Krieges ist ein Sachbuch, das einem gotischen Horrorroman ähnelt, eine klassische Erzählung über ein Spukhaus und die bösen Geister, die darin wohnen, die Geschichte eines jungen, wohlhabenden Königs - Mitglied einer berühmten Familie -, der sich in einem majestätischen Palast niedergelassen hat und mit großen Kräften ausgestattet ist, aber von bösartigen dämonischen Kräften umgeben, ja sogar besessen ist, die ihn aus dem „Hintergrund in den Schatten" manipulieren.

Doch die Hohepriester des Krieges existieren auch im wirklichen Leben. Der Schaden, den diese neokonservativen Kriegstreiber Amerika und der Welt zufügen, ist immens.

Wenn diese Neokonservativen ihre ruinöse Herrschaft fortsetzen, darf man sich nicht wundern, wenn das Weiße Haus wieder so aussieht wie 1814, nachdem es von britischen Fackeln aufgeschlitzt wurde: ob als Folge einer Volksrebellion wütender patriotischer Amerikaner oder als Ergebnis eines Angriffs ausländischer Streitkräfte, die entschlossen sind, die Intrigen der Hohepriester des Krieges abrupt zu stoppen.

Eines ist sicher: ***Der Zeitpunkt ist gekommen. Wir müssen etwas tun...***

ANDREW ST. GEORGE

25. OKTOBER 1923 - 2. MAI 2001

DEDICACE

An den einzigen und einzigartigen ANDREW ST. GEORGE

-Der unerschrockene Journalist, der als Erster über die seltsamen Intrigen der neokonservativen Kriegstreiber berichtete, lange bevor die Mainstream-Medien sie als führende Akteure auf der Weltbühne anerkannten.

Als wertvoller Freund und einprägsame Figur, hervorragender Geschichtenerzähler, Lebemann, liebender Ehemann und stolzer Vater war Andrew ein Mentor, dessen Erfahrung als internationaler Korrespondent unübertroffen war.

Andrews Bericht, der als erster vor Ort war, enthüllte die Neokonservativen als die wahre Bedrohung für den Weltfrieden, die sie sind.

-MICHAEL COLLINS PIPER

Ein US-Senator meldet sich zu Wort: Warum Amerikaner im Irak wirklich sterben...

„Mit 760 Toten im Irak und über 3000 lebenslang Verstümmelten fragen sich die Menschen im Land weiterhin, warum wir im Irak sind und wie wir wieder herauskommen... Selbst Präsident Bush gibt zu, dass Saddam Hussein nichts mit dem 11. September zu tun hatte... Natürlich gab es keine Massenvernichtungswaffen. Die israelischen Geheimdienste, der Mossad, wissen, was im Irak vor sich geht. Sie sind die besten. Sie müssen es wissen. Das Überleben Israels hängt von diesem Wissen ab. Israel hätte uns längst zu den Massenvernichtungswaffen geführt, wenn es sie gäbe oder wenn sie uns abgenommen worden wären. Da der Irak keine Bedrohung darstellt, warum sollte man in ein souveränes Land einmarschieren? Die Antwort: Präsident Bushs Politik, die darauf abzielt, Israel zu sichern".

US-Senator Ernest F. Hollings (D-S.C.) *in der* Charleston Post and Courier *vom 6. Mai 2004.*

(Für diese direkten Bemerkungen in einer Kolumne, in der er auch mehrere der in diesem Buch beschriebenen „Hohepriester des Krieges" ausdrücklich nannte, wurde Senator Hollings - ein langjähriger Freund der US-Armee - von der Anti-Defamation League und einer Schar von Politikern, die sich bei der Israel-Lobby beliebt machen wollten, scharf angeprangert. Doch kurz zuvor hatte eine angesehene jüdische Zeitung, *Forward*, erklärt, dass Israel vom Irakkrieg profitiert habe - „auf einzigartige Weise" - und dass die israelischen Geheimdienste Informationen geliefert hätten, die von der Bush-Regierung zur Rechtfertigung der Invasion des Irak verwendet worden seien. Siehe unten, was *Forward* sagte).

Eine große jüdische Zeitung erklärt: Israel hat „auf einzigartige Weise" vom Irak-Krieg profitiert...

„Am Vorabend des Krieges war Israel ein stiller, aber begeisterter Unterstützer der amerikanischen Kriegspläne. Saddam Husseins militärische Stärke machte ihn nach Meinung aller zu einem der gefährlichsten Gegner des jüdischen Staates.... Sein Sturz galt als Beseitigung der ernsthaftesten existenziellen Bedrohung für Israel... [und Israel] kooperierte bereitwillig... indem es Informationen über die irakischen Fähigkeiten und Absichten... weitergab, die die amerikanische Aktion unterstützen sollten.... Aber weil Israel auf einzigartige Weise von einem Krieg profitiert hat, der in Amerika und der Welt zunehmend umstritten ist, sind die Ängste, sich zu äußern, noch stärker geworden, als sie es vor dem Krieg waren".

-Die in New York ansässige jüdische Wochenzeitung *Forward*, 16. April 2004

VORWORT

Autorität ohne Verantwortung...

Obwohl in letzter Zeit viel über die Intrigen der Neokonservativen, die die Regierung von George W. Bush leiten, geschrieben wurde, ist *The High Priests of War* bei weitem das umfassendste Buch zu diesem Thema, das heute erhältlich ist, nicht zuletzt, weil es die neokonservative Agenda aus einer äußerst wichtigen historischen Perspektive erforscht, die in der Hitze der aktuellen Debatte in der Regel übersehen wurde.

Man kann mit Fug und Recht behaupten, dass der Autor Michael Collins Piper einer der ersten Journalisten der Welt war, der die neokonservative Infiltration der oberen Ebenen der politischen und geheimdienstlichen Mechanismen der USA erkannte und bereits in den frühen 1980er Jahren begann, über dieses Phänomen zu schreiben.

Piper würdigt unseren langjährigen Freund und Kollegen, den verstorbenen Andrew St. George - dem dieses Buch gewidmet ist - gebührend dafür, dass er die erste wichtige Reportage über die Neokonservativen initiiert hat, und man kann mit Fug und Recht behaupten, dass St. George der literarische „Pate" dieses wichtigen Buches ist.

Die Hohepriester des Krieges ist ein bahnbrechendes Buch, das sich mit dem wichtigsten politischen Problem unserer Zeit befasst, seine Ursprünge geschickt analysiert, Namen nennt und die Agenda und die Missetaten der äußerst raffinierten und eng vernetzten Gruppe beschreibt, die geschickt die Fäden zieht, mit denen die Marionetten auf der politischen Bühne manipuliert werden.

Die Neokonservativen haben die höchste politische Leistung vollbracht: Sie haben die Autorität, aber nicht die Verantwortung für den katastrophalen Verlauf der amerikanischen Geschichte, geschützt vor ihren Untaten und ihrer Verantwortung, dank ihrer kontrollierten Presse.

Während unser Land also von einer Katastrophe in die nächste schlittert, erklärt die Presse der Öffentlichkeit, wie wunderbar das alles ist, oder es werden austauschbare Politiker für die Situation verantwortlich gemacht, während die Neokonservativen ihren Griff nur noch fester ziehen.

Dieses schäbige Szenario ist allen unbekannt, mit Ausnahme einer winzigen Handvoll amerikanischer Patrioten. Wenn eine signifikante Anzahl von Amerikanern für die politische Realität, die Michael Collins Piper in diesem Buch so deutlich beschreibt, wachgerüttelt werden kann, wird die Enthüllung allein die Verschwörung beenden.

-W. A. CARTO

VORWORT

„Es ist an der Zeit, den Hohepriestern des Krieges den Krieg zu erklären"

Obwohl die meisten - aber sicher nicht alle - amerikanischen Antikommunisten aufrichtig waren, ist es unerlässlich, sich der traurigen und unbequemen Wahrheit zu stellen, dass der Kalte Krieg größtenteils ein Betrug war.

Während dem Durchschnittsamerikaner gesagt wurde, er solle die Sowjetunion fürchten, waren die größten Bankiers und Industriellen der USA in umfangreiche Handelsgeschäfte und andere lukrative Vereinbarungen mit der Führung der Kommunistischen Partei verwickelt. Die US-Regierung selbst stellte ihrem vermeintlichen Rivalen große Mengen an Verteidigungstechnologie und anderen Daten zur Verfügung. Also ja, der Kalte Krieg war in der Tat eine Täuschung.

Wenn wir diese schwierige Realität endlich verstehen und akzeptieren, können wir den globalistischen Wahnsinn der letzten 50 Jahre neu bewerten und uns auf den eigentlichen Überlebenskampf vorbereiten, der uns bevorsteht.

Solange die Amerikaner nicht endlich bereit sind zu erkennen, dass die antikommunistische Raserei, der so viele Menschen ihre Energie gewidmet haben, in Wirklichkeit so fehlgeleitet und erfolglos war, macht es keinen Sinn, den Kampf fortzusetzen. Generationen lang haben wir gegen „Feinde" gekämpft, die im Ausland wahrgenommen wurden, doch der wahre Feind war hier, bei uns, dabei, sich einzuschleichen und die Macht in den oberen Rängen des amerikanischen Apparats für nationale Sicherheit und Geheimdienste zu übernehmen.

Wie die in diesem Buch vorgestellten Elemente deutlich zeigen, hat sich die sowjetische Bedrohung, so groß sie zu einem bestimmten Zeitpunkt auch gewesen sein mag, in den letzten Jahrzehnten eindeutig in eine Abwärtsspirale begeben, da ihre Kraft immer mehr nachließ.

Allerdings haben die neokonservativen Kräfte, die die Angst vor der sowjetischen Macht ausnutzen wollten, um ihre eigene Agenda umzusetzen, sowohl die militärische Stärke als auch die sowjetischen Absichten übertrieben. Und man muss zu Recht sagen, dass die Grundlage der neokonservativen Agenda - von Anfang an - nicht nur die Sicherheit, sondern auch das imperiale Vorankommen des Staates Israel war.

Wir müssen die archaische Rhetorik der Vergangenheit aufgeben und uns auf die wahre Bedrohung Amerikas - und der Souveränität aller Nationen und Völker - konzentrieren: die machthungrigen imperialen Kräfte, die entschlossen sind, die Ressourcen und die Militärmacht der USA zu nutzen, um einen globalen Polizeistaat unter der Kontrolle einer Handvoll Privilegierter zu errichten: Die internationale Elite und ihre gekauften und bezahlten Politiker, prinzipienlose Bürokraten und die Medien, die die Agenda der zukünftigen Herrscher einer globalen Plantage, die von ihren Anhängern „Neue Weltordnung" getauft wurde, verherrlichen und zu popularisieren versuchen.

Obwohl *The Spotlight* recht hatte, als er es nach dem Fall des Sowjetimperiums wagte, anzudeuten, dass „der Kommunismus tot ist", gab es einige Unverbesserliche, die sich weigerten, das Offensichtliche zu akzeptieren. „Oh nein", riefen die John Birchers, „der Kommunismus ist nicht wirklich tot. Er ist nur eine List. Die Roten gehen in den Untergrund und warten nur auf eine Gelegenheit, um zuzuschlagen".

Die Birchers und ihresgleichen glauben immer noch, dass Josef Stalin sich in einem Schrank im Kreml versteckt, bereit, aufzuspringen und „Buh" zu sagen. Paradoxerweise erkennen die Birchers erst jetzt, dass die Neokonservativen - die sie jahrelang auf den Seiten ihrer Zeitschriften wie *Review of the News* und *The*

New American gefördert haben - weit davon entfernt sind, konventionelle „konservative Patrioten" zu sein, was immer das auch bedeuten mag.

Der gleiche Mob, der seine Säbel gegen die „kommunistische Bedrohung" schwang, begann damit, die „islamische Bedrohung" als neue Gefahr, die es zu besiegen gilt, an deren Stelle zu setzen. Das ist keine Überraschung. Während des Kalten Krieges erklärten amerikanische „Konservative" (insbesondere die Birchers) jahrelang frei (und fälschlicherweise), dass die Palästinensische Befreiungsorganisation Teil eines „von den Sowjets unterstützten Terrornetzwerks" sei, ungeachtet der Fakten.

Und genau genommen ist es kein Zufall, dass diese PLO-Mythen am weitesten in den Schriften einer pro-israelischen neokonservativen Ideologin namens Claire Sterling verbreitet wurden, deren mittlerweile berühmte „Studie" *The Terror Network* zur virtuellen Bibel der Israel-Lobby in ihrer Kampagne zur Diskreditierung der palästinensisch-nationalistischen Sache geworden ist.

Heute haben antikommunistische Konservative im Namen des „Kampfes gegen den Terrorismus" ihre Unterstützung für die Errichtung eines Polizeistaates auf unserem Territorium zugesagt, um „die Freiheit zu wahren".

In diesem Zusammenhang sei darauf hingewiesen, dass vor über 50 Jahren, in den ersten Tagen des Kalten Krieges, der ehemalige CIA-Angehörige William F. Buckley Jr. und bald selbsternannte „Führer" der „konservativen" Bewegung in den USA die Dinge klarstellte. In einem Artikel, der am 25. Januar 1952 in *Commonweal* erschien, erklärte Buckley unter, dass er bereit sei, die „Big Government" während „der Dauer [des Kalten Krieges]" zu unterstützen, da, wie er verkündete, nur „eine totalitäre Bürokratie auf unserem Territorium" den vollständigen Sieg über die kommunistische Bedrohung garantieren könne.

Der antikommunistische Kalte Krieg ist nun vorbei, aber der heiße antiislamische Krieg (der sogenannte „Antiterrorkrieg") ist im Gange. Und hier an den Küsten der USA haben wir ein neues Ministerium für innere Sicherheit, das die amerikanischen Freiheiten unter dem Vorwand, sie zu schützen, aushebeln will. Warum sollten wir überrascht sein

Die „kommunistische Bedrohung" bestand nie innerhalb der Kommunistischen Partei der USA, die, wie die *American Free Press* betonte, auf höchster Ebene von Morris Childs kontrolliert wurde, einem FBI-Trumpf von J. Edgar Hoover: Als Zionist russischer Abstammung wandte sich Childs vom Kommunismus sowjetischer Prägung ab, als er unter Stalin die Echos des traditionellen russischen Nationalismus entdeckte. Nein, die Kommunistische Partei der USA war nie eine Bedrohung, auch wenn Hoover - ein langjähriger Verbündeter der Zionistischen Liga gegen Verleumdung - die kleine Partei für die geheime Agenda seiner „Berater" hinter den Kulissen manipulierte.

Die kommunistische Bedrohung lag auch nicht in den „liberalsten" Reihen der Demokratischen Partei. Es war weder der New Deal, noch der Fair Deal, noch Camelot, noch die Große Gesellschaft, noch der Clintonismus, die Amerika ein einzigartiges, aktualisiertes Zeichen des Bolschewismus trotzkistischer Prägung brachten. Stattdessen ist es der „mitfühlende Konservatismus" des Mannes, der allen Ernstes als „der neue Ronald Reagan" angepriesen wird: George W. Bush.

Es ist kein Zufall, dass nur wenige Tage nach Beginn des Krieges gegen den Irak das „offizielle" amerikanische Organ der Trotzkisten - *Partisan Review* - seine Pforten *schloss*. In Wahrheit hatte die kleine intellektuelle Zeitschrift keine Existenzberechtigung mehr, da ihr Ziel, die Macht zu sichern, durch die sprichwörtliche „Hintertür" erreicht worden war.

Dieses Buch bietet einen kurzen, aber detaillierten Überblick über die Intrigen der Neokonservativen. Es wäre möglich, noch viel mehr zu schreiben, aber das würde das Thema wahrscheinlich überfrachten. Dennoch scheint es angemessen, an dieser Stelle mit einer einfachen Feststellung zu schließen:

Es ist an der Zeit, den Hohepriestern des Krieges den Krieg zu erklären...

-MICHAEL COLLINS PIPER

EXEKUTIVZUSAMMENFASSUNG

DIE HOHEPRIESTER DES KRIEGES

Die geheime Geschichte der Machtübernahme der trotzkistischen „Neokonservativen" in den USA und der Orchestrierung des Krieges gegen den Irak, der ersten Etappe ihres Projekts eines Weltreichs.

Der folgende Bericht basiert auf dieser Grundlage: Der von der US-Regierung unter Präsident George W. Bush geführte Krieg gegen den Irak verstößt nicht nur gegen traditionelle „konservative" amerikanische Prinzipien, sondern auch gegen alle Grundsätze der amerikanischen Außenpolitik im letzten halben Jahrhundert

QUE der Krieg gegen den Irak wird zu weitaus umfassenderen Zwecken als „Regimewechsel" oder „Beseitigung von Massenvernichtungswaffen" geführt; vor allem ist er Teil einer globalen Anstrengung, die USA zur einzigen internationalen Supermacht zu machen, die militärisch und wirtschaftlich in der Lage ist, alle Nationen und/oder Völker zu unterdrücken, die es wagen, die US-Hegemonie in Frage zu stellen

DASS der Krieg gegen den Irak nur der erste Schritt in einem langjährigen und weitreichenden Plan ist, mit dem ein noch aggressiveres Vorgehen gegen den gesamten arabischen Nahen Osten eingeleitet werden soll, um die „arabische Welt neu zu gestalten", damit das Überleben des Staates Israel gesichert und seine Macht ausgeweitet wird; DASS der Krieg gegen den Irak nur das ursprüngliche Ziel dieses sorgfältig geplanten Plans ist und dass letztlich auch andere arabische und muslimische Staaten dazu bestimmt sind, entweder schlichtweg ausgelöscht oder in irgendeiner Form von den militärischen und politischen Kräften der USA (im Bündnis mit Israel) besetzt oder kontrolliert zu werden; DASS der Krieg gegen den Irak und der Plan zur Unterwerfung der arabischen Völker einfach eine modifizierte und modernisierte Anpassung des historischen zionistischen Traums von „Groß-Israel" ist, angepasst an die Anforderungen der internationalen Ölkonzerne, die ihrerseits durchaus bereit sind, das Ziel zu teilen, die ölproduzierenden Staaten der arabischen Welt in Partnerschaft mit dem Staat Israel zu beherrschen

QUE der Krieg gegen den Irak wurde bewusst von einem kleinen, aber mächtigen Netzwerk zionistischer Elemente der harten „Rechten" - den so genannten „Neokonservativen" - auf den höchsten Ebenen der Bush-Administration inszeniert, geschickt unterstützt und gefördert von Gleichgesinnten in Organisationen der öffentlichen Politik, Denkfabriken, Publikationen und anderen Institutionen, die alle eng miteinander vernetzt und wiederum mit den „likudnik"-Kräften der harten Rechten in Israel verbunden sind

QUE der Krieg gegen den Irak und andere Maßnahmen der USA gegen die arabische Welt auf zionistische politische Intrigen in den oberen Rängen der amerikanischen Geheimdienstgemeinschaft zurückgeführt werden können, die bis in die frühen 1970er Jahre zurückreichen, und dass viele der gleichen Akteure, die in diese Aktivitäten verwickelt waren, heute die Politik der Bush-Regierung leiten

QUE der Krieg gegen den Irak ist eine Ergänzung zum zuvor erklärten „Krieg gegen den Terrorismus", der seinerseits Teil einer sorgfältig koordinierten und lange ausgearbeiteten Propagandakampagne war, die auf der Theorie beruht, dass der Terrorismus irgendwie ein „arabisches" Merkmal ist.

Der vorliegende Bericht wird all diese Aspekte untersuchen, eine Vielzahl von Quellen zitieren und sich weitgehend auf die gegebenen Fakten konzentrieren, die in der englischsprachigen „Mainstream"-Presse in den USA weit verbreitet wurden. Die

Fakten sprechen für sich selbst. Wo immer in diesem Bericht Spekulationen oder Meinungen angestellt werden, werden diese ordnungsgemäß vermerkt oder auf andere Weise deutlich gemacht.

-MCP

„Wenn die jüdische Gemeinschaft diesen Krieg gegen den Irak nicht nachdrücklich unterstützen würde, wären wir nicht in dieser Situation. Die Führer der jüdischen Gemeinschaft sind einflussreich genug, um die Richtung dieses Krieges ändern zu können, und ich denke, dass sie das auch tun sollten.

Jim Moran, US-Kongressabgeordneter (Demokrat aus Virginia), spricht bei einem öffentlichen Forum in seinem Wahlkreis.[1]

Trotz der öffentlichen Aufregung, die auf die Bemerkungen des liberalen Abgeordneten Jim Moran folgte, musste selbst die einflussreiche New Yorker jüdische Zeitung *Forward* in ihrer Ausgabe vom 28. Februar 2003 zugeben, dass die Rolle der pro-israelischen Lobby und ihrer Mitglieder in hochrangigen Entscheidungspositionen innerhalb der Regierung von Präsident George W. Bush zunehmend zu einem Thema der öffentlichen Debatte wird. Der Abgeordnete Moran hatte das Thema lediglich in einigen kurzen, aber umstrittenen Bemerkungen zusammengefasst.

Forward zitierte den amerikanisch-jüdischen Kolumnisten Michael Kinsley, der am 24. Oktober 2002 schrieb, die zentrale Rolle Israels in der amerikanischen Debatte über einen möglichen Krieg gegen den Irak sei „der sprichwörtliche Elefant im Raum". Über diesen Elefanten fügte Kinsley hinzu: „Jeder sieht ihn, niemand erwähnt ihn". *Forward* behauptete unumwunden: „Kinsley bezog sich auf eine Debatte, die früher in Hinterzimmern geflüstert wurde, aber neuerdings in fetten Lettern in den großen Medien ausgebreitet wird, auf den

---

[1] Berichtet von zahlreichen Medien, u. a. von *der New York Times* am 15. März 2003.

jüdischen und israelischen Einfluss im Shap der amerikanischen Außenpolitik".[2]

Die jüdische Zeitung stellt fest, dass mittlerweile sogar amerikanische „Mainstream"-Publikationen, von der *Washington Post* bis zum *Economist* und sogar Fernsehsender wie CNN und MSNBC, ehrliche und offene Diskussionen zu diesem Thema anbieten. Nach der Einschätzung des *Forward*

> Viele dieser Artikel zeichnen das Bild eines Präsidenten Bush und eines Premierministers Sharon, die als Tandem zusammenarbeiten, um den Krieg gegen den Irak voranzutreiben. Viele von ihnen beschreiben eine Regierung voller Konservativer, die hauptsächlich, wenn nicht sogar ausschließlich, von der Verteidigung Israels motiviert sind.

> Einige angesehene Stimmen haben sogar offen die Rolle amerikanisch-jüdischer Organisationen in der Gleichung angesprochen und damit einen deutlichen Rechtsruck in Nahostfragen und eine intensive Loyalität gegenüber Scharon angedeutet. Wieder andere erwähnen den Begriff des jüdischen und israelischen Einflusses nur, um ihn als Antisemitismus anzugreifen.[3]

Doch wie um den Kerngedanken, der den Kommentaren des Abgeordneten Moran zugrunde liegt, zu bestätigen, erklärte selbst Ari Shavit, der am 9. April 2003 in der israelischen Zeitung *Ha'aretz* schrieb, schlicht und einfach: „Der Irakkrieg wurde von 25 neokonservativen, meist jüdischen Intellektuellen konzipiert,

---

[2] *Forward*, 28. Februar 2003. (Kinseys zitierte Kommentare wurden vom *Slate-Magazin* online unter slate.com in einem Artikel vom 24. Oktober 2002 veröffentlicht).

[3] *Ibid.*

die Präsident Bush dazu drängen, den Lauf der Geschichte zu ändern".[4]

Wie wir zeigen werden, deuten die historischen Aufzeichnungen tatsächlich - ohne jeden Zweifel - darauf hin, dass der damals unmittelbar bevorstehende Krieg gegen den Irak in Wirklichkeit größtenteils das Produkt eines langjährigen, sorgfältig berechneten und orchestrierten Plans war. Dieser Plan zielte darauf ab, eine globale amerikanische Hegemonie zu errichten, die auf den geopolitischen Zielen einer kleinen, aber einflussreichen Gruppe von politischen Entscheidungsträgern innerhalb der Regierung von Präsident George W. Bush - eine Gruppe, die seit fast einem Vierteljahrhundert eng mit dem großen Plan von „Groß-Israel" verbunden ist, einem lang gehegten Traum der zionistischen Pioniere, die den Staat Israel gegründet haben, und deren heutige „rechte" Falkenanhänger in allen Bereichen der israelischen Gesellschaft, vor allem in der Regierung, immer einflussreicher werden.

Diese kleine Gruppe von Amerikanern, die immer bekannter wird, bezeichnet sich selbst als „Neokonservative". Sie bilden eine virtuelle „Kriegspartei" in Amerika. Sie bewundern und unterstützen ungeniert die harte Linie des Likud in Israel unter der Führung von Ariel Sharon. Diese Neokonservativen haben in der Bush-Administration politische Entscheidungen getroffen, die die Vereinigten Staaten von Amerika (unter der Präsidentschaft von George W. Bush) im Wesentlichen in ein festes Bündnis mit dem Sharon-Regime in Israel gebracht haben.

Die Studie, die wir gerade beginnen, wird einen Überblick über die Geschichte und Entwicklung des neokonservativen Netzwerks liefern, Namen nennen und ihre Politik mit den Teilen Israels, mit denen sie verbündet sind, in Verbindung bringen.

---

[4] *Ha'aretz*, 9. April 2003.

Es ist jedoch wichtig zu erkennen, dass die von der neokonservativen „War Party" vertretene Politik in vielerlei Hinsicht aus historischer Sicht weit von der traditionellen Sichtweise der Amerikaner entfernt ist. Die Politiker der „War Party" repräsentieren nur eine winzige - wenn auch mächtige und einflussreiche - Fraktion in Amerika. Philip Golub, Journalist und Dozent an der Universität Paris VIII, hat über die Strategie der Neokonservativen geschrieben:

> Seit mehr als 25 Jahren versucht die neokonservative Rechte mit unterschiedlichem Erfolg, sich in den USA als die dominierende ideologische Kraft zu etablieren, insbesondere bei der Gestaltung der Außenpolitik.

> Lange Zeit wurde sie durch den demokratischen Prozess und den Widerstand der öffentlichen Meinung gegen den Staat der nationalen Sicherheit vereitelt, doch jetzt steht sie kurz vor dem Erfolg - dank des umstrittenen Wahlsiegs von George Bush im Jahr 2000 und des 11. September 2001, der einen zufälligen Präsidenten in einen amerikanischen Cäsar verwandelte. Präsident Bush wurde zum neokonservativen Träger einer Politik, die auf Unilateralismus, ständiger Mobilisierung und „Präventivkrieg" beruht.

> Krieg und Militarisierung wären ohne den 11. September, der das institutionelle Gleichgewicht zugunsten der neuen Rechten verschob, nicht möglich gewesen. Abgesehen von so opportunistischen Motiven wie dem Ergreifen der strategischen Gelegenheit, die Landkarte des Nahen Ostens und des Persischen Golfs neu zu gestalten, spiegelt diese Wahl weitaus größere imperiale Ambitionen wider...

> Dieses autoritäre Projekt wurde in der unipolaren Welt nach 1991, als die USA das Gewaltmonopol in zwischenstaatlichen Beziehungen erlangten, realisierbar. Entworfen wurde es jedoch in den 1970er Jahren, als sich die extremistische Koalition, die heute das Sagen hat, zum ersten Mal formierte.

Ziel ist es, die Nation zu vereinen und die strategische Vormachtstellung der USA in der Welt zu sichern. Die Instrumente sind Krieg und ständige Mobilmachung, die beide die ständige Identifizierung neuer Feinde und den Aufbau eines starken, von der Gesellschaft unabhängigen Staates der nationalen Sicherheit erfordern.[5]

Der amerikanische Autor Michael Lind betont, dass der von der neokonservativen Clique skizzierte imperiale Traum „von der Elite der amerikanischen Außenpolitik und von einer Mehrheit des amerikanischen Volkes bekämpft wurde, die Umfragen zufolge gegen die Militäraktion der USA im Irak und anderswo ohne die Unterstützung von Verbündeten und internationalen Institutionen wie den Vereinten Nationen war. Die Außenpolitik der radikalen Rechten wurde in den USA nur von zwei Gruppen enthusiastisch unterstützt: von nicht-konservativen politischen Entscheidungsträgern und Intellektuellen auf Eliteebene und von protestantischen Wählern aus dem Süden in der breiten Öffentlichkeit".[6]

Trotz weit verbreiteter Opposition sowohl in den USA als auch in der übrigen Welt gab US-Präsident George W. Bush am 17. März 2003 offiziell bekannt, dass ein Krieg gegen den Irak unmittelbar bevorstehe. Nach monatelangen erbitterten Debatten erklärte der US-Präsident, dass die USA - verbündet mit Großbritannien und einer Handvoll anderer Länder - tatsächlich einen „Alleingang" unternehmen würden, ohne die Unterstützung der Weltgemeinschaft.

---

[5] Philip S. Golub. „Inventing Demons". *Counterpunch* magazine online at counterpunchorg, 5. April 2003. Die englische Übersetzung wurde von *LeMonde Diplomatique* neu veröffentlicht.

[6] *Michael Lind*. Made in Texas: George W. Bush and the Southern Takeover of American Politics *(New York: Basic Books, 2003), S. 138.*

Einige Kritiker werden darauf hinweisen, dass der 17. März der Vorabend von Purim war, dem traditionellen jüdischen Fest, mit dem der Sieg des alten jüdischen Volkes über seinen verhassten Feind Haman gefeiert wird. Allerdings haben sich nicht alle Juden - ob in Amerika oder anderswo - der Clique der „Neokonservativen" angeschlossen, auch wenn tatsächlich die meisten der wichtigsten neokonservativen Führer tatsächlich Juden sind.

RICHARD PERLE & WILLIAM KRISTOL

Wie der amerikanisch-jüdische Schriftsteller Stanley Heller in den Tagen vor dem Angriff auf den Irak betonte: „Wir schulden es den Amerikanern, ihnen die ganze Wahrheit zu sagen, nämlich dass ein Teil der Kriegskampagne von einer haarsträubenden militaristischen Clique in Israel und ihren verschachtelten Gruppen jüdischer und christlicher Anhänger in den USA angeheizt wird.[7] Darüber hinaus fügte Professor Paul Gottfried - ein amerikanisch-jüdischer Akademiker, der sich selbst als „konservativ" bezeichnet, sich aber vehement gegen die Aktivitäten der sogenannten „Neokonservativen" wendet -, an anderer Stelle schreibend, hinzu

> Kein Mensch mit gesundem Menschenverstand behauptet, dass alle Juden mit [führenden kriegsbefürwortenden Neokonservativen wie] Richard Perle und [William] Kristol zusammenarbeiten. Was zu Recht beobachtet wird, ist eine Interessenkonvergenz, bei der die Neokonservativen eine zentrale Rolle gespielt haben. Gegenwärtig kontrollieren sie fast alle „konservativen" Denkfabriken [in Washington, D.C.], den „konservativen" Fernsehsender [Fox News des pro-zionistischen Milliardärs Rupert Murdoch], *das Wall Street Journal, die New York Post* und mehrere große

---

[7] Stanley Heller schrieb am 20. Februar 2003 auf der Website antiwar.com.

Verlagshäuser sowie fast alle Zeitschriften, die sich als konservativ bezeichnen.[8]

Professor Gottfrieds Kommentare führen uns daher in zwei Schlüsselnamen ein, die auf diesen Seiten mehrfach auftauchen werden: Richard Perle und William Kristol. Sie sind vielleicht die zwei einflussreichsten Neokonservativen der „Kriegspartei", aufgrund ihrer Position, ihres Einflusses und ihrer Finanzkraft. Sie sind die Hauptakteure, die in sehr hohem Maße für die Entwicklung der Politik der Bush-Regierung verantwortlich sind, die zum aktuellen Konflikt im Nahen Osten geführt hat, der den Einsatz von US-Streitkräften gegen den Irak und die anschließende, unbestreitbar katastrophale Besatzung beinhaltet.

Auch wenn wir noch viel mehr über Perle und Kristol erfahren werden, sollten wir diese beiden neokonservativen Figuren kurz vorstellen.

Der oft als „Prinz der Finsternis" bezeichnete Richard Perle (der Jude ist) ist seit Mitte der 1970er Jahre im offiziellen Washington für pro-israelische Anliegen aktiv, als er Assistent des mächtigen, inzwischen verstorbenen Senators Henry M. Jackson (D-Washington) war, der zu den wichtigsten Unterstützern Israels im Kongress gehörte.

Während dieser Zeit wurde gegen Perle wegen Spionage für Israel ermittelt. Später wurde Perle Lobbyist für israelische Rüstungsinteressen und wurde schließlich von Präsident Ronald Reagan auf eine Schlüsselposition im Verteidigungsministerium berufen.

Nach seinem Ausscheiden aus der Reagan-Regierung blieb Perle in Washington, DC, aktiv, war an einer Vielzahl von Institutionen

---

[8]   Professor   Paul   Gottfried,   20.   März   2003, http://www.lewrockwell.com/gottfried/got-tfried47.html.

und Organisationen beteiligt und widmete seine Energie fast ausschließlich der Förderung der Sache Israels, insbesondere der Likud-Partei von Ariel Sharon. In jüngster Zeit pflegt Perle eine besondere Zugehörigkeit zu der „neokonservativen" Denkfabrik, die als American Enterprise Institute bekannt ist.

Als George W. Bush jedoch Präsident wurde, ernannte er Perle zum Leiter des Defense Policy Board, eines wenig bekannten, aber einflussreichen Beratungsgremiums. Von diesem Posten aus begann Perle - unter Nutzung seiner vielfältigen Kontakte zu langjährigen Geschäftspartnern, die in hohe Positionen innerhalb der Bush-Regierung selbst berufen worden waren -, den Krieg gegen den Irak aktiv voranzutreiben.

Obwohl Perle nur wenige Tage nach den ersten Schüssen auf den Irak von seinem Amt als Vorsitzender des Rates für Verteidigungspolitik zurücktrat - wegen angeblicher Interessenkonflikte, die sich aus seinen privaten Finanztransaktionen ergaben, die sich mit der offiziellen Regierungspolitik überschnitten, auf die er Einfluss hatte und von der er persönlich profitieren konnte - blieb er bis zu seinem formellen Rücktritt im März 2004 Mitglied des Rates und sicherlich das einflussreichste Mitglied.

Angesichts all dessen, was wir heute über Perle wissen, ist es vielleicht kein Zufall, dass bereits 1986 berichtet wurde, dass Perle bei einem Besuch in Großbritannien in einer Debatte mit Denis Healey, dem damaligen Vorsitzenden der Labour Party, als „die Person, die für den Dritten Weltkrieg verantwortlich ist", vorgestellt wurde.[9] Einige Kritiker Perles schlugen später vor, dass der Mann, der diese Bemerkungen gemacht hatte, möglicherweise übersinnliche Fähigkeiten besaß, wenn man

---

[9] The Sacramento Union, *29. Juni 1986.*

bedenkt, dass Perle tatsächlich eine kritische Rolle beim Ausbruch des US-Krieges gegen den Irak gespielt hatte.

William Kristol (ebenfalls Jude) ist ebenso einflussreich, wenn auch in einem anderen Bereich. Als Sohn eines ebenso einflussreichen Vaters, Irving Kristol - der einst als „Pate" der neokonservativen Bewegung bezeichnet wurde -, nutzte der junge Kristol die Beziehungen seines Vaters, um einen Posten als Stabschef des Vizepräsidenten Dan Quayle zu erhalten, der unter dem ersten Präsidenten Bush diente. Dies war jedoch nur der erste Schritt auf Kristols Weg an die Spitze der Macht.

Nach Bush-Quayles Niederlage gegen Bill Clinton im Jahr 1992 wurde der junge Kristol dank seiner eigenen aggressiven Bemühungen - ganz zu schweigen von der zunehmend günstigen Förderung, die er von den wichtigsten Medien erfuhr - zur vielleicht bekanntesten Stimme der „neokonservativen" Philosophie. Er hat sich aktiv am Aufbau eines gut finanzierten und weitreichenden PR- und Informationsnetzwerks beteiligt, das mit zahlreichen Stiftungen und Denkfabriken verbunden ist, mit denen bereits sein Vater in Verbindung stand.

Kristol nahm nicht nur die Stelle als Chefredakteur von Rupert Murdochs nationalem neokonservativen Wochenmagazin *The Weekly Standard an,* sondern gründete auch seine eigene Organisation, Project for the New American Century (Projekt für das neue amerikanische Jahrhundert).

Wie wir sehen werden, verzahnten sich Kristols Operationen und Aktivitäten genau - ja, sie griffen sogar ineinander - mit denen von Richard Perle. Als der Druck für einen Krieg gegen den Irak nach dem Amtsantritt von George W. Bush immer kriegerischer wurde - und noch mehr nach den Terroranschlägen vom 11. September, die die Neokonservativen wiederholt mit dem irakischen Machthaber Saddam Hussein in Verbindung zu bringen suchten - arbeiteten Perle und Kristol immer enger zusammen und verschmolzen ihre eigenen Einflussnetzwerke bis zu dem Punkt, an dem die neokonservative Philosophie zur

Leitkraft des gesamten außenpolitischen Gestaltungsapparats von Bush wurde.

William Kristol war - zusammen mit einem anderen engen Kollegen, Robert Kagan - der wichtigste Publizist der neokonservativen imperialen Strategie. Ihr im Jahr 2000 erschienenes Buch *Present Dangers: Crisis and Opportunity in American Foreign and Defense* Policy war eine umfassende Darstellung des neokonservativen Standpunkts, mit Essays von Perle - natürlich - und anderen neokonservativen „Stars", die mit Kristol und Perle in Verbindung gebracht wurden.

In einer Rezension des Buches kommentierte der ehemalige britische Diplomat Jonathan Clark: „Wenn die Empfehlungen des Buches auf einen Schlag umgesetzt würden, liefen die USA Gefahr, einseitig mindestens einen Fünf-Fronten-Krieg zu führen und gleichzeitig Israel dazu zu bringen, den Friedensprozess zugunsten einer neuen gnadenlosen Konfrontation mit den Palästinensern aufzugeben".[10]

Ironischerweise, wie Michael Lind, einer der führenden Kritiker der Neokonservativen, betonte: „Es stellte sich heraus, dass es sich um eine Vorhersage der Politik handelte, die die Regierung von George W. Bush in den nächsten zwei Jahren verfolgen würde".[11] Lind stellt fest: „Die radikale zionistische Rechte, der [Perle und Kristol] angehören, ist zahlenmäßig klein, aber sie ist zu einer bedeutenden Kraft in den republikanischen Entscheidungszirkeln geworden.[12] Lind fügt hinzu, dass die Hauptsorge vieler Mitglieder dieses neokonservativen Netzwerks

---

[10] Jonathan Clarke. *The National Interest*. Frühjahr 2001.

[11] *Michael Lind*. Made in Texas: George W. Bush and the Southern Takeover of American Politics *(New York: Basic Books, 2003), S. 132.*

[12] „Verzerrung der US-Außenpolitik: Die Israel-Lobby und die amerikanische Macht". Michael Lind. *Prospect*, April 2002.

„die Macht und der Ruf Israels" ist.[13] Er betont, dass sie scharfe PR-Kampagnen gegen jeden führten, der sich ihnen in den Weg stellte, darunter auch gegen prominente und einflussreiche US-Militärführer, die die neokonservative Politik in Frage stellten.

DIE ISRAELISCHE VERBINDUNG

Es ist daher klar, dass die pro-israelische Ausrichtung der Neokonservativen ein wichtiges Anliegen bei der Formulierung (und Durchführung) der Politik war, die sie umzusetzen versuchten.

Das wirft die Frage auf, inwieweit der Staat Israel (und seine amerikanischen Unterstützer, insbesondere innerhalb des neokonservativen Netzwerks) tatsächlich eine Rolle bei der Auslösung des Krieges gegen den Irak gespielt haben.

Wie wir gesehen haben, war Israels Rolle in der Irak-Affäre problematisch, da es darum ging, Israel (und die amerikanischen Juden) vor einer möglichen Retourkutsche seitens vieler Amerikaner zu schützen, denen der Gedanke missfiel, dass die amerikanische Politik vielleicht allein auf den Interessen Israels basieren würde.

Am 27. November 2002 berichtete *die Washington Post*, dass eine Gruppe amerikanischer Politikberater, die bereits israelische Politiker beraten hatten, vom Israel Project - das als „eine von amerikanisch-jüdischen Organisationen und Einzelspendern finanzierte Gruppe" beschrieben wird - beauftragt wurde, ein Memo für amerikanisch-jüdische und israelische Politiker darüber zu verfassen, wie man am besten mit der tobenden Kontroverse um den Irak umgeht. Das Memo riet ihnen: „Wenn Ihr Ziel ein Regimewechsel ist, müssen Sie wegen der möglichen negativen Reaktionen viel vorsichtiger in Ihrer Sprache sein. Sie

---

[13] *Ibid.*

wollen nicht, dass die Amerikaner glauben, der Krieg gegen den Irak werde zum Schutz Israels und nicht zum Schutz Amerikas geführt".[14] Wie Michael Lind in seiner neuen Biografie über Präsident Bush betont, ist der Einfluss Israels und der Neokonservativen jedoch nicht zu leugnen:

> Unter George W. Bush sind die US-Exekutive und die Regierung Israels in einem in der amerikanischen Geschichte beispiellosen Ausmaß miteinander verschmolzen...
>
> So bizarr es auch klingen mag: Dank des Einflusses des israelischen Modells auf die Neokonservativen der Bush-Regierung haben die USA, die größte Macht der Welt, begonnen, sich so zu verhalten, als wären sie ein unsicherer, belagerter internationaler Paria-Staat, ähnlich wie Israel unter der Führung der Likud-Partei.[15]

In der *Time* vom 17. Februar 2003 kündigte einer der prominentesten amerikanischen Neokonservativen in den Medien, der Kolumnist Charles Krauthammer, an, dass der geplante Krieg gegen den Irak „nicht nur darauf abzielt, Saddam zu entwaffnen. Es geht darum, einen ganzen Teil der Welt zu reformieren.... Was die USA in der arabischen Welt brauchen, ist keine Exit-Strategie, sondern eine Input-Strategie. Der Irak ist das Eingangstor dazu... „ Krauthammer nannte offen die Ziele der neokonservativen Kriegspolitik: „Iran, Saudi-Arabien, Syrien und darüber hinaus".[16]

---

[14] „Group Urges Pro-Israel Leaders' Silence on Iraq". *Washington Post*, 27. November 2002.

[15] *Michael Lind.* Made in Texas: George W. Bush and the Southern Takeover of American Politics *(New York: Basic Books, 2003)*, S. 140-141.

[16] *Time*, 17. Februar 2003.

In Wirklichkeit deuten die veröffentlichten Beweise darauf hin, dass die israelische Regierung tatsächlich wollte, dass die USA den Irak angreifen, und zwar als ersten Schritt einer weiteren Aktion gegen andere angebliche Feinde des Staates Israel. Am 18. Februar 2003 berichtete die israelische Zeitung *Ha'aretz*, dass der israelische Premierminister Ariel Sharon die USA aufforderte, nach der angeblich erfolgreichen Zerstörung des Irak durch die USA auch den Iran, Libyen und Syrien anzugreifen - eine Ansicht, die sich nicht von der unterscheidet, die der oben erwähnte Krauthammer geäußert hat.

Sharon sagte: „Es handelt sich um unverantwortliche Staaten, die entwaffnet werden müssen: „Es handelt sich um unverantwortliche Staaten, die von Massenvernichtungswaffen entwaffnet werden müssen, und eine erfolgreiche US-Aktion im Irak, die als Modell dienen wird, wird die Erreichung dieses Ziels erleichtern. Der israelische Premierminister erklärte gegenüber einer Delegation von Mitgliedern des US-Kongresses, die sich auf Besuch befanden, dass „die US-Aktion [gegen den Irak] von entscheidender Bedeutung ist".[17]

Die israelische Zeitung berichtete auch, dass bei Treffen mit Sharon und anderen israelischen Beamten der stellvertretende US-Außenminister John Bolton - einer der führenden „Neokonservativen" in der Bush-Administration, der den Krieg gegen den Irak gefördert hatte - laut der israelischen Zeitung erklärt habe, dass Bolton der Ansicht sei, dass es nach der Beschäftigung mit dem Irak „später notwendig sein wird, sich mit den Bedrohungen durch Syrien, Iran und Nordkorea auseinanderzusetzen".[18]

---

[17] *Ha'aretz*, 18. Februar 2003.

[18] *Ibid.*

Darüber hinaus berichtete *die New York Times* am 27. Februar 2003 frei, dass Israel nicht nur einen Krieg der USA gegen den Irak befürwortete, sondern auch der Meinung war, dass der Krieg letztlich auf andere Nationen ausgeweitet werden sollte, die als Bedrohung für Israel wahrgenommen wurden. Die *Times* stellte fest

> Viele Israelis sind so sehr von der Richtigkeit eines Krieges gegen den Irak überzeugt, dass Beamte bereits an die Zeit nach dem Krieg denken und sich für die Beibehaltung einer starken Rolle der USA im Nahen Osten aussprechen. Letzte Woche erklärte Verteidigungsminister Shaul Mofaz den Mitgliedern der Konferenz der Präsidenten der wichtigsten jüdischen Organisationen Amerikas, dass die USA nach dem Irak „politischen, wirtschaftlichen und diplomatischen Druck" auf den Iran ausüben sollten. Wir haben ein Interesse daran, den Nahen Osten schon am Tag nach einem Krieg zu gestalten", sagte er. Israel betrachtet den Iran und Syrien als größere Bedrohungen und hofft, dass nach der Beseitigung von Saddam Hussein die Dominosteine zu fallen beginnen.[19]

Und während einige amerikanische Juden, die unabhängig von den führenden Organisationen der jüdischen Gemeinschaft handelten, den Krieg gegen den Irak ablehnten, besteht kein Zweifel daran, dass elitäre amerikanisch-jüdische Organisationen, die eng mit dem israelischen Geheimdienst und der israelischen Regierung verbunden waren, die Kampagne für den Krieg nachdrücklich unterstützten. Diese Organisationen traten als jüdische Organisationen auf und gaben vor, alle jüdischen Amerikaner zu vertreten, obwohl dies nicht der Fall war.

---

[19] James Bennett in der *New York Times*, 27. Februar 2003.

Nach Ausbruch des Krieges veröffentlichte die Anti-Defamation League (ADL) der B'nai B'rith - von ihren Kritikern als Propagandaorgan des israelischen Geheimdienstes Mossad beschrieben - eine Erklärung. Darin heißt es: „Wir bringen unsere Unterstützung für die Vereinigten Staaten zum Ausdruck: „Wir bringen unsere Unterstützung für die Regierung der Vereinigten Staaten in ihren Bemühungen zum Ausdruck, den irakischen Präsidenten Saddam Hussein und die Gefahr, die er für die Stabilität und Sicherheit der Region darstellt, zu stoppen. Die Notwendigkeit, Saddam Hussein zu verhaften, ist offensichtlich".[20]

IN AMERIKA WIRD KRITIK LAUT

Doch während die israelische Führung und ihre neokonservativen Verbündeten zum Krieg aufriefen, standen viele Amerikaner aller Rassen, Glaubensrichtungen und Hautfarben auf und erklärten ihren Widerstand.

In den Monaten der Debatte, die dem US-Angriff auf den Irak vorausgingen, avancierte der Abgeordnete Dennis Kucinich (D-Ohio) zum offensten und wortgewaltigsten Gegner des geplanten Krieges. Er legte zahlreiche Argumente gegen den Krieg dar und hielt ihn für völlig unbegründet und gegen die gesamte traditionelle amerikanische Politik gerichtet:

> Die einseitige Militäraktion der USA gegen den Irak ist ungerechtfertigt, nicht zu rechtfertigen und illegal...

> Ein einseitiges Vorgehen der Vereinigten Staaten oder in Partnerschaft mit Großbritannien würde unsere Nation zum ersten Mal auf den blutigen Weg eines aggressiven Krieges führen, ein Sakrileg für das Andenken derer, die zur

---

[20] Siehe die Website der ADL unter adl.org. Erklärung veröffentlicht am 21. März 2003.

Verteidigung dieses Landes gekämpft haben. Amerikas moralische Autorität würde in der ganzen Welt untergraben. Sie würde die gesamte Region des Persischen Golfs und des Nahen Ostens destabilisieren...

Die Politik der Aggression ist keiner Nation mit einer demokratischen Tradition würdig, und schon gar nicht einer Nation von Menschen, die die Freiheit lieben und deren Söhne und Töchter sich opfern, um diese Demokratie zu erhalten.

Die Frage ist nicht, ob Amerika die militärische Macht hat oder nicht, um Saddam Hussein und den Irak zu zerstören. Die Frage ist, ob wir etwas Wesentliches in dieser Nation zerstören, indem wir behaupten, dass Amerika das Recht hat, dies zu tun, wann immer es ihm beliebt.

Amerika kann und darf nicht der Gendarm der Welt sein. Amerika kann und darf nicht versuchen, die Führer anderer Nationen auszuwählen. Amerika und das amerikanische Volk dürfen auch nicht in den Dienst der internationalen Ölinteressen und Waffenhändler gestellt werden...

Wenn die USA eine Politik des Erstschlags verfolgen, haben wir als Nation die historische Last auf uns genommen, einen Verstoß gegen das Völkerrecht zu begehen, und wir werden dann jede moralische Position aufgeben, auf die wir hoffen könnten.[21]

Bemerkenswerterweise weigerte sich Kucinich selbst nach Kriegsbeginn, den Mund zu halten, sich einschüchtern zu lassen und den Krieg unter dem Vorwand der „Unterstützung der Truppen" zu unterstützen - ein beliebter Slogan, der immer

---

[21] „Der blutbefleckte Pfad", Dennis Kucinich. *The Progressive*, November 2002.

wieder verwendet wurde, um die Amerikaner davon zu überzeugen, einen unpopulären Krieg zu unterstützen, nachdem die US-Truppen formell in die Aktion einbezogen worden waren.

Ohne sich von Vorwürfen wie „mangelnder Patriotismus" usw. entmutigen zu lassen:

> Ich unterstütze die Truppen. Aber dieser Krieg ist illegal und falsch. Ich unterstütze diesen Einsatz nicht. Ich werde nicht für die Finanzierung des Krieges dieser Regierung im Irak stimmen. Dieser Krieg tötet unsere Truppen. Dieser Krieg tötet unschuldige irakische Zivilisten. Dieser Krieg muss jetzt beendet werden. Er war ungerecht, als er vor zwei Wochen begann, und er ist es auch heute noch. Die USA sollten sich jetzt zurückziehen und versuchen, das Leben der US-Truppen und der irakischen Bürger zu retten. Die Beendigung des Krieges und die Wiederaufnahme der Waffeninspektionen könnten die Weltmeinung über die USA retten. Die größte Bedrohung für die USA ist derzeit der Terrorismus, den dieser Krieg mit sich bringen wird.[22]

Kucinich war nicht der einzige US-Beamte, der öffentlich eine mutige Position gegen den Krieg einnahm, aber er war sicherlich einer der offenherzigsten und direktesten.

Während die US-Truppen ihren Angriff auf die arabische Republik begannen, hielt Senator Robert Byrd aus West Virginia, das dienstälteste Mitglied des US-Senats und ehemaliger Chef der Demokraten im Senat, vor dem Senat eine scharfe Rede, in der er erklärte, dass der Krieg in völligem Widerspruch zur traditionellen amerikanischen Politik stehe. Er sagte unter anderem

---

[22] Erklärung des Abgeordneten Kucinich unter: http://www.kucinich.us/

Heute weine ich um mein Land. Ich habe die Ereignisse der letzten Monate mit einem schweren und belastenden Herzen verfolgt. Das Bild von Amerika ist nicht mehr das eines starken und zugleich wohlwollenden Friedenshüters.

Wir verkünden eine neue Doktrin des Vorkaufsrechts, die nur von wenigen verstanden und von vielen gefürchtet wird. Wir behaupten, dass die Vereinigten Staaten das Recht haben, ihre Feuerkraft auf jeden Winkel der Erde zu richten, der im Krieg gegen den Terrorismus verdächtig sein könnte. Wir behaupten dieses Recht ohne die Zustimmung irgendeiner internationalen Instanz. Infolgedessen ist die Welt viel gefährlicher geworden. Wir stellen unseren Status als Supermacht mit Arroganz zur Schau.

Wann sind wir zu einer Nation geworden, die ihre Freunde ignoriert und tadelt? Wann haben wir beschlossen, die Untergrabung der internationalen Ordnung zu riskieren, indem wir einen radikalen und doktrinären Ansatz für den Einsatz unserer beeindruckenden Militärmacht gewählt haben? Wie können- wir diplomatische Bemühungen aufgeben, wenn die Unruhen in der Welt nach Diplomatie rufen?[23]

Es ist klar, dass die Neokonservativen zwar kaum das Denken vieler Amerikaner aller politischen Richtungen widerspiegelten, aber sehr wohl eine bestimmte Philosophie, die zweifellos mit der imperialen Agenda des israelischen Likud-Hardliners verbunden war.

---

[23] *Register des* US-Kongresses. Arbeiten des Senats. 19. März 2003.

In diesem Sinne sollte man damit beginnen, die Natur des neokonservativen Netzwerks zu untersuchen, das im offiziellen Washington unter der Regierung von George W. Bush herrscht.

DAS NEOKONSERVATIVE NETZWERK

Am 13. Dezember 2002 veröffentlichte das von dem irischstämmigen amerikanischen Journalisten Alexander Cockburn herausgegebene Magazin *Counterpunch* einen Artikel, der die Frage nach der „doppelten Loyalität der Bush-Regierung" aufwarf und einen faszinierenden Einblick in das neokonservative Netzwerk gab, das Amerika letztlich in den Krieg führte. Die Autoren des Artikels sind Bill und Kathleen Christison, ein Ehepaar, das früher Analysten der Central Intelligence Agency der USA war. Sie zitieren die Israel-Sympathien der wichtigsten neokonservativen Entscheidungsträger in der Bush-Regierung und betonen, dass diese Neokonservativen in Wirklichkeit eng mit der Ideologie des Likud-Blocks in Israel abgestimmt waren. Ihre Zusammenfassung der „Charakterbesetzung" unter den Neokonservativen ist präzise und verdient es, beachtet zu werden

> Der stellvertretende Verteidigungsminister Paul Wolfowitz steht an der Spitze des Feldes. Er war der Schützling von Richard Perle, der das prominente Beratungsgremium des Pentagons, den Defense Policy Board, leitet. Viele der heutigen Neokonservativen, darunter Perle, sind die intellektuellen Nachfahren des verstorbenen Senators Henry „Scoop" Jackson, der in den 1970er Jahren ein glühender Verfechter der Verteidigungspolitik und einer der stärksten Befürworter Israels im Kongress war.

> Wolfowitz wiederum ist der Mentor von Lewis „Scooter" Libby, heute Stabschef von Vizepräsident Cheney, der zunächst Wolfowitz' Schüler und dann in den 1980er Jahren sein Untergebener war, sowohl im Außen- als auch im Verteidigungsministerium.

Ein weiterer Schützling Perles ist Douglas Feith, der derzeit Unterstaatssekretär im Verteidigungsministerium für Politik ist, die Nummer drei im Ministerium, und der eng mit Perle zusammengearbeitet hat, sowohl als Lobbyist für die Türkei als auch als Co-Autor von Strategiepapieren für rechtsgerichtete israelische Regierungen.

Die stellvertretenden Sekretäre Peter Rodman und Dov Zakheim, alte Bekannte aus der Reagan-Regierung, als die Neocons zu florieren begannen, vervollständigen die Reihen des Unterkabinetts des Verteidigungsministeriums. Auf den unteren Ebenen sind die Leiter der Büros Israel und Syrien/Libanon im Verteidigungsministerium Importeure des Washington Institute for Near East Policy, eines Think Tanks, der aus der pro-israelischen Lobbyorganisation AIPAC hervorgegangen ist.

Die Neokonservativen haben im Außenministerium nicht viel erreicht, mit Ausnahme von John Bolton, einem Falken des American Enterprise Institute und Unterstützer Israels, der einem widerwilligen Colin Powell als Unterstaatssekretär für Rüstungskontrolle aufgezwungen worden sein soll. Boltons Sonderassistent ist David Wurmser, der 1996 zusammen mit Perle und Feith mindestens zwei Strategiepapiere für den israelischen Premierminister Netanjahu verfasst und/oder mitverfasst hat.

Wurmsers Frau Meyrav Wurmser ist Mitbegründerin der Website MEMRI (Middle East Media Research Institute), die von pensionierten israelischen Militärs und Geheimdienstoffizieren geleitet wird und sich auf die Übersetzung und weite Verbreitung arabischer Medien und Aussagen arabischer Führer spezialisiert hat. Eine kürzlich vom Londoner *Guardian* durchgeführte Untersuchung ergab, dass die Übersetzungen von MEMRI verfälscht, weil sehr selektiv sind. Obwohl es unweigerlich die extremsten arabischen Erklärungen übersetzt und verbreitet, ignoriert es gemäßigte arabische Kommentare und extremistische hebräische Erklärungen.

Im Büro des Vizepräsidenten baute Cheney seinen eigenen Stab für nationale Sicherheit auf, der von Assistenten geleitet wird, die als sehr pro-israelisch bekannt sind. Der stellvertretende Leiter dieses Teams, John Hannah, ist ein ehemaliges Mitglied des israelisch orientierten Washingtoner Instituts.

Im Nationalen Sicherheitsrat ist der neue Direktor für Nahostangelegenheiten Elliott Abrams, der bekannt wurde, nachdem er sich im Rahmen des Iran-Contra-Skandals schuldig bekannte, dem Kongress Informationen vorenthalten zu haben (und von Präsident Bush senior begnadigt wurde), und der seit langem die Positionen des israelischen Rechtsaußenflügels vertritt. Ihn in eine Schlüsselposition für politische Entscheidungen über den israelisch-palästinensischen Konflikt zu setzen, ist, als würde man einem Fuchs den Hühnerstall anvertrauen.

Die wichtigste Organisation, was ihren Einfluss auf die Formulierung der Politik der Bush-Regierung angeht, ist wahrscheinlich das Jewish Institute for National Security Affairs (JINSA). Das Jüdische Institut für Nationale Sicherheitsangelegenheiten (JINSA), das nach dem arabisch-israelischen Krieg von 1973 mit dem klaren Ziel gegründet wurde, die Aufmerksamkeit der amerikanischen Entscheidungsträger auf die Sicherheitsprobleme Israels zu lenken und sich auch auf wichtige Verteidigungsfragen zu konzentrieren, ist eine extrem kriegerische rechtsgerichtete Organisation und hatte immer einen mächtigen Vorstand, der seine Mitglieder in konservativen US-Regierungen platzieren konnte. Cheney, Bolton und Feith waren bis zu ihrem Eintritt in die Bush-Regierung Mitglieder dieses Gremiums. Mehrere Beamte der unteren Ebene der JINSA arbeiten heute im Verteidigungsministerium.

Wolfowitz selbst hat sich in der Öffentlichkeit zurückhaltend gezeigt und schreibt hauptsächlich über breitere strategische Fragen und weniger über Israel im Besonderen oder gar den Nahen Osten, aber es ist klar, dass Israel im Grunde ein Hauptinteresse ist und möglicherweise der Hauptgrund für seine Beinahe-Obsession für die Bemühungen ist, die er in erster Linie vorantreibt, um Saddam Hussein loszuwerden, die irakische Regierung nach amerikanischem Vorbild umzugestalten und dann die Landkarte des Nahen Ostens neu zu zeichnen, indem er die gleichen Ziele in Syrien, Iran und vielleicht auch in anderen Ländern verwirklicht.

Sein Interesse an Israel kehrt jedoch immer wieder zurück. Selbst Profile, die seine Verbundenheit mit Israel herunterspielen, erwähnen immer wieder den Einfluss des Holocaust, bei dem mehrere seiner Familienmitglieder ums Leben kamen, auf seine Denkweise. Eine Quelle in der Regierung beschrieb ihn offen als „völlig verrückt, wenn es um Israel geht". Obwohl dies wahrscheinlich die meisten anderen Mitglieder des Neo-Con-Klüngels genau beschreibt und Wolfowitz zumindest durch Assoziation schuldig ist, ist er in Wirklichkeit komplexer und nuancierter.[24]

Die Christisons wiesen darauf hin, dass ein von Bill Keller verfasstes Profil von Wolfowitz *im New York Times Magazine* Kritiker zitiert, die behaupten, dass „Israel eine mächtige gravitative Anziehungskraft auf den Menschen ausübt"[25] und anmerkt, dass Wolfowitz als Teenager während des Sabbatsemesters, das sein Vater, ein Mathematiker, dort

---

[24] Bill und Kathleen Christison, Artikel in der Zeitschrift *Counterpunch* unter counterpunch.org, 13. Dezember 2002.

[25] Zitiert von Christison, *Ibid.*

verbrachte, in Israel gelebt hat. Darüber hinaus ist seine Schwester mit einem Israeli verheiratet.

Keller erkennt sogar widerwillig die Richtigkeit einer Charakterisierung von Wolfowitz als „israelzentriert" an. Allerdings stellen die Christisons fest, dass „Keller erhebliche Verrenkungen macht, um die, wie er es nennt, „beleidigende Andeutung einer doppelten Loyalität" zu vermeiden, und sich dabei fragt, ob er nicht zu sehr protestiert".[26]

Die Fakten über die neokonservative Clique, die die Politik der Bush-Regierung bestimmt, sind also sehr klar. Die meisten großen US-Medien zögerten jedoch zunächst, auf die bemerkenswerten Verbindungen und langjährigen Verbände dieser Clique gleichgesinnter politischer Machtmakler hinzuweisen. Unabhängige amerikanische Medien - wie die in Washington ansässige *American Free Press*, die zu den wichtigsten gehört -, die es wagten, die führende Rolle der „Neokonservativen" zu erwähnen, wurden oft als „Verschwörungstheoretiker" und sogar als „Antisemiten" angegriffen, neben vielen ähnlichen Begriffen, die häufig verwendet werden, um die Spuren zu verwischen und so von den Intrigen Israels und seiner amerikanischen Lobby abzulenken.

DIE WAHRHEIT KOMMT IN DEN US-MEDIEN ANS LICHT

Trotzdem wurde, nachdem der von den „Neokonservativen" orchestrierte und von langer Hand geplante Krieg gegen den Irak sicher begonnen hatte, in einem Artikel auf der Titelseite der Ausgabe des kriegsbefürwortenden *Wall Street Journal* vom 21. März 2003 die Wahrheit zugegeben. Die Überschrift des Artikels lautete direkt: „Der Traum eines neuen Präsidenten im Nahen Osten: Nicht nur das Regime, sondern auch die Region ändern.

---

[26] *Ibid.*

Eine pro-amerikanische demokratische Zone ist ein Ziel, das israelische und neokonservative Wurzeln hat". Der Artikel beginnt mit einer offenen Aussage: „Während er amerikanische Truppen und Flugzeuge in den Irak schickt, denkt Präsident Bush nicht nur daran, ein Land zu verändern. Sein Traum ist es, den gesamten Nahen Osten zu einem anderen, sichereren Ort für die Interessen der USA zu machen".[27]

Anschließend beschreibt der Artikel die Macht des kriegsbefürwortenden neokonservativen Netzwerks um Richard Perle und seinen Mitarbeiter William Kristol. Der Artikel fasst die Ereignisse zusammen, die zu Präsident Bushs Entscheidung führten, Krieg gegen den Irak zu führen, und die Rolle der Neokonservativen in diesem Prozess.

Drei Tage später, am 24. März 2003, veröffentlichte die *New York Times* einen ähnlichen Artikel und erklärte, dass die von den Neokonservativen befürwortete Doktrin des Präventivkriegs ihre Wurzeln in den frühen 1990er Jahren habe.

(Wie wir jedoch sehen werden, reicht die allgemeine Agenda der Neokonservativen noch viel weiter zurück). In dem *Times-Artikel* wird ein namentlich nicht genannter Regierungsbeamter zitiert, der in Bezug auf den Irakkrieg sagte: „Das ist erst der Anfang": „Das ist erst der Anfang".[28]

EHEMALIGE KOMMUNISTEN WERDEN ZU NEOKONSERVATIVEN

Um die politische Ausrichtung der „Neokonservativen" und ihr Programm zu verstehen, ist es unerlässlich, nicht nur die wichtige Rolle anzuerkennen, die der oben erwähnte William Kristol heute

---

[27] *Wall Street Journal*, 21. März 2003.

[28] *New York Times*, 24. März 2003.

spielt, sondern auch die seines Vaters und seiner Mutter und ihrer Partner, die im Zentrum der Geschichte der Entwicklung des neokonservativen Machtblocks in Amerika stehen.

Obwohl Kristol heute vielleicht die bekannteste Stimme der Neokonservativen in den Medien ist, ist er weit mehr als das. Er ist nicht nur der wichtigste PR-Stratege - manche würden sagen „Propagandist" - der Neokonservativen, sondern auch der Spross eines mächtigen Ehepaar-Teams amerikanisch-jüdischer Schriftsteller - die selbst als „Ex-Trotzkisten" bezeichnet werden -, bestehend aus Irving Kristol und Gertrude Himmelfarb. Der ältere Kristol - zusammen mit einer Handvoll anderer gleichgesinnter Denker - wird allgemein als die wichtigste Gründerkraft der neokonservativen Bewegung angesehen.

Laut der amerikanisch-jüdischen Wochenzeitung *Forward* war die kleine,[29] mehrheitlich jüdische Gruppe von „New Yorker Intellektuellen"[30], die in Kristols Einflussbereich operierte, „Eingeweihten als 'Die Familie' bekannt"[31] - eine Bezeichnung, die für diejenigen, die mit den Intrigen des Kalten Krieges vertraut sind, möglicherweise auf eine kryptische, fast sektiererische Verbindung oder sogar eine klassische kommunistische „Zelle" hindeutet.

Tatsächlich sind Kristol und „The Family" mit dem Kalten Krieg verbunden, denn zwischen den 1930er und 1950er Jahren waren sie Anhänger des bolschewistischen Revolutionärs Leo Trotzki und scharfe Kritiker von Trotzkis erbittertem Rivalen Josef Stalin, der die Führung der Sowjetunion übernahm, nachdem er Trotzki ins Exil gezwungen hatte. Im Laufe der Jahre, beginnend mit in den späten 1950er und vor allem in den 1960er Jahren,

---

[29] *Ibid.*

[30] *Forward*, 21. März 2003.

[31] *Ibid.*

begann sich ihre politische Philosophie jedoch, wie es heißt, „weiterzuentwickeln". Dennoch werden einige sagen, dass Ex-Trotzkisten alles andere als „ex" sind, dass sie nach wie vor bewährte und authentische Trotzkisten sind, die ihre traditionelle Philosophie an die heutigen politischen Anliegen, Ereignisse und Realitäten angepasst haben.

Michael Lind, Autor einer neuen Biografie über Präsident George W. Bush, hat die Ursprünge dieser eng verbundenen Kerngruppe um Kristol damals und in den kommenden Jahren aufgezeichnet und erklärt ihren Sinneswandel

> Die Neokonservativen waren keine traditionellen konservativen Republikaner. Die meisten von ihnen waren liberale oder linke Demokraten gewesen; einige waren ursprünglich Marxisten gewesen. Viele waren jüdisch und hatten mit der demokratischen Linken gebrochen, weil die Linke die israelische Besetzung arabischen Landes nach 1967 ablehnte und viele Black-Power-Aktivisten den amerikanischen Juden und Israel feindlich gegenüberstanden. Ronald Reagan war der erste republikanische Präsident, für den viele Neokonservative gestimmt haben.

> Während die Außenpolitik des traditionellen republikanischen Establishments die Angst der Wirtschaftselite vor internationaler Unordnung widerspiegelte, spiegelte die neokonservative Strategie den ideologischen Eifer der ehemaligen Wilson-Liberalen [gemeint ist der ehemalige US-Präsident Woodrow Wilson, der den amerikanischen Interventionismus im Ausland befürwortete] und der ehemaligen marxistischen Revolutionäre wider, im Fall von vielen jüdischen

Neokonservativen kombiniert mit einem emotionalen ethnischen Engagement für das Wohlergehen Israels.[32]

ISRAEL UND DIE NEOKONSERVATIVEN

Der amerikanisch-jüdische Wissenschaftler Benjamin Ginsberg hat die zentrale Rolle der Sicherheit Israels im Denken der Neokonservativen und in ihren politischen Aktivitäten im letzten Viertel des 20. Jahrhunderts beschrieben

> Jüdische neokonservative Intellektuelle spielten in den 1970er und 1980er Jahren eine entscheidende Rolle, indem sie die Erhöhung der Verteidigungsausgaben rechtfertigten und die amerikanische Militärhilfe für Israel mit den allgemeineren Bemühungen der USA zur Eindämmung der Sowjetunion in Verbindung brachten.

> Israel wurde als „strategischer Trumpf" der USA dargestellt, der eine wichtige Rolle bei der Eindämmung der sowjetischen Expansion im Nahen Osten spielen könnte.

> Eine Reihe jüdischer Neokonservativer begann, sich für höhere Verteidigungsausgaben und die Stärkung der Verteidigungsfähigkeit Amerikas angesichts dessen, was sie als erhöhte Bedrohung durch den sowjetischen Expansionismus betrachteten, einzusetzen.[33]

---

[32] *Michael Lind.* Made in Texas: George W. Bush and the Southern Takeover of American Politics *(New York: Basic Books, 2003), S. 138.*

[33] Benjamin Ginsberg. *Die verhängnisvolle Umarmung: Jews and The State* (Chicago: University of Chicago Press), 1993, S. 204-205.

Der bekannte amerikanische Romanautor Gore Vidal formulierte 1986 eine ähnliche, wenn auch weniger freundliche Einschätzung der Neokonservativen.

Als Antwort auf Behauptungen, er (Vidal) sei „antisemitisch", weil er den ungewöhnlichen Grad der Verbundenheit der amerikanisch-jüdischen „Neokonservativen" mit Israel - mehr als mit Amerika - kritisiert habe, bezeichnete Vidal die Neokonservativen als „Liebhaber des Imperiums" und behauptete, es gebe einen Grund, warum diese ehemaligen Trotzkisten nun so verliebt in die militärische Macht der USA seien:

> Um Geld aus dem [US-]Finanzministerium für Israel zu bekommen (3 Milliarden Dollar im letzten Jahr), müssen die pro-israelischen Lobbyisten dafür sorgen, dass die amerikanischen „Die Russen kommen"-Schlägertrupps in Stellung gebracht werden, damit sie das amerikanische Volk weiterhin dazu verängstigen können, riesige Summen für die „Verteidigung" auszugeben, was auch die Unterstützung Israels in seinen endlosen Kriegen gegen so ziemlich jeden bedeutet. Um sicherzustellen, dass fast ein Drittel des Bundeshaushalts an das Pentagon und Israel geht, ist es notwendig, dass die pro-israelischen Lobbyisten gemeinsame Sache mit unserer launischen Rechten machen. [34]

Damals hatte Vidal jedoch keine Ahnung, welche Macht die Neokonservativen schließlich erlangen würden. Doch Vidal blieb ein scharfer Kritiker des amerikanischen und israelischen Imperialismus und ist heute einer der beliebtesten englischsprachigen Romanautoren der Welt.

---

[34] *The Nation*, 22. März 1986.

Unabhängig von ihrer Anerkennung in „intellektuellen" Kreisen waren die „neokonservativen" Elemente der breiten amerikanischen Öffentlichkeit praktisch unbekannt (und sind es noch immer). Tatsächlich *wurde der* Begriff „neokonservativ" wahrscheinlich zum ersten Mal in der Ausgabe von *Newsweek* vom 7. November 1977, die vom selben Unternehmen wie die *Washington Post* herausgegeben wurde, einer breiten amerikanischen Öffentlichkeit vorgestellt.

Im Jahr 1979 veröffentlichte der Autor Peter Steinfels das erste umfassende Werk über die „Neokonservativen". Unter dem Titel *The Neo-Conservatives: The Men Who Are Changing America's Politics* beschrieb das Buch den Neokonservatismus als „eine eigenständige und kraftvolle politische Perspektive [die] in den Vereinigten Staaten vor kurzem aufgetaucht [war]".[35]

Der Autor würdigte Irving Kristol, den Vater von William Kristol, als „Bannerträger des Neokonservatismus"[36] und konzentrierte sich weitgehend auf Kristol und seine intellektuellen Kollegen, die den neokonservativen Standpunkt geprägt haben.

Das Buch schildert den Neokonservatismus als eine neu entwickelte Philosophie und konzentriert sich weitgehend auf seine innenpolitischen Perspektiven. Bemerkenswerterweise,, ist sogar ein sehr kleiner Teil des Buches dem außenpolitischen Programm der Neokonservativen gewidmet, obwohl diese von Anfang an stark außenpolitisch ausgerichtet waren. Steinfels stellte jedoch fest, dass die Neokonservativen als ehemalige Trotzkisten ganz natürlich der Sowjetunion unter Josef Stalin und ihrem Erbe feindlich gegenüberstanden.

---

[35] Die Neokonservativen: The Men Who Are Changing America's Politics *(New York: Simon* & Schuster, 1979), S. 1.

[36] Ibid, S. 81.

Der Autor stellt jedoch fest, dass um Kristol zahlreiche Gerüchte kursieren, darunter die Behauptung, dass Kristol bereits in den 1950er Jahren Zuwendungen von der amerikanischen Central Intelligence Agency (CIA) erhalten habe.

DIE CIA UND DIE NEOKONSERVATIVEN

Wie ein viel jüngeres Buch, *The Cultural Cold War: The CIA and the World of Arts and Letters,* von Frances Stonor Saunders, enthüllt, wurden die Kreise, in denen Kristol eine Schlüsselrolle spielte - rund um eine Gruppe, die als Congress for Cultural Freedom (bestand von 1950 bis 1967) und als American Committee for Cultural Freedom (bestand von 1950 bis 1957) bekannt war - tatsächlich von der CIA finanziert. Der Autor führte eine umfassende Untersuchung der Aktivitäten Kristols und seiner Partner durch und bestätigte, dass Kristol einen Großteil seines Ruhms und seiner Publicity der Unterstützung durch die US-Geheimdienste verdankte.[37]

Laut einer Studie aus dem Jahr 1986 von Sidney Blumenthal, einem amerikanisch-jüdischen Journalisten der *Washington Post,* der später zu einem der wichtigsten Berater von Präsident Bill Clinton wurde, galt Irving Kristol als „Pate" der neokonservativen Bewegung, an den sich die anderen wandten, um Posten und Finanzierungen zu erhalten. Kristol „konnte Angebote von Instituten und Stiftungen [so lukrativ] arrangieren, dass kein Konservativer sie ablehnen konnte".

Einer von Kristols Schützlingen, Jude Wanniski- der inzwischen weitgehend mit den „Neokonservativen" gebrochen hat - soll Kristol als „die unsichtbare Hand" hinter der neokonservativen

---

[37] Frances Stonor Saunders. *Der kulturelle Kalte Krieg.* (New York: The New Press, 1999).

Bewegung beschrieben haben.[38] Blumenthal stellte fest, dass Kristols Macht so groß war, dass man sie mit „einem Einflusskreis vergleichen kann, der wie ein Weihnachtsbaum blinkt, wenn er eingesteckt wird".[39] Tatsächlich hat Kristol über seine Zeitschriften *The National Interest* und *The Public Interest* seinen Einfluss nicht nur in den Reihen der republikanischen Partei, sondern in der gesamten öffentlichen Arena ausgeweitet.

Die trotzkistischen Ursprünge der „Neokonservativen" festhaltend, bewertete Sidney Blumenthal die Art der Migration der „Neokonservativen" in die republikanische Partei - manche würden sagen: „die Invasion der republikanischen Partei" - mit den Worten: „Neokonservative sind Trotzkisten des Reaganismus und Kristol ist ein in einen rechten Mann verwandelter Trotzkist": „Die Neokonservativen sind die Trotzkisten des Reaganismus und Kristol ist ein in einen rechten Mann verwandelter Trotzkist.[40]

Die Tatsache, dass William Kristol - Sohn des neokonservativen „Paten" Irving Kristol - heute das Familienerbe weiterführt, das auf die inneren philosophischen Kämpfe der bolschewistischen Ära und den anschließenden Kalten Krieg zwischen den USA und der Sowjetunion zurückgeht, ist nicht zu übersehen. Der junge Kristol ist heute zweifellos einer der mächtigsten Meinungsmacher der Welt.

---

[38] *Sidney Blumenthal.* Der Aufstieg des Gegen-Establishments: From Conservative Ideology to Political Power *(Von der konservativen Ideologie zur politischen Macht) (New York: Times Books, 1986), S. 148.*

[39] Ibid, S. 159.

[40] Sidney Blumenthal, S. 154.

DIE MURDOCH-VERBINDUNG

In seiner Rolle als selbsternannter „konservativer Führer" hat Kristol, der, wie bereits erwähnt, Herausgeber und Chefredakteur des Magazins *Weekly Standard* des Milliardärs Rupert Murdoch ist, immer wieder die Intervention der USA im Ausland gefordert, insbesondere als Mittel zur Förderung der Interessen des Staates Israel - eine Position, die mit Murdochs bekannten Sympathien für die Hardliner des Likud-Blocks in Israel übereinstimmt. (Murdoch selbst ist mütterlicherseits teilweise jüdischer Abstammung, obwohl dieses Detail selbst in den „Mainstream"-Berichten, die Murdochs Begeisterung für die zionistische Sache zitieren, oft verschwiegen wurde).

Im Laufe der Jahre haben verschiedene Kritiker behauptet, dass Kristols Sponsor Murdoch im Wesentlichen ein langjähriger Medienvertreter - ein hochbezahlter „Strohmann" - für die vereinten Kräfte der Familien Rothschild, Bronfman und Oppenheimer ist, die zusammen mit Murdoch von Kritikern bereits in den frühen 1980er Jahren als „Vier-Milliardärs-Gang" bezeichnet wurden.

Diese Milliardärsclique ist nicht nur durch eine gegenseitige Assoziation in internationalen Finanzgeschäften verbunden, sondern auch durch ihr jüdisches Erbe und ihre Hingabe an die Förderung der Interessen des Staates Israel. Sie erweitern auch ihre Kontrolle und ihren Einfluss auf die amerikanischen Medien, wobei Murdochs Operationen vielleicht die öffentlichsten sind.

DIE MÄNNER VON KRISTOL IM WEISSEN HAUS VON BUSH

In der Tat sind Kristols persönliche Tentakel innerhalb der Bush-Regierung immens. Am 19. März 2002 beschrieb *die Washington Post* Kristols weit reichende und intime Verbindungen zu Schlüsselpersonen im Weißen Haus. Mit der Feststellung, dass ein gewisser Joseph Shattan als Redenschreiber für den Präsidenten eingestellt worden war, fügte die *Post* treffend hinzu

Shattan, der für Kristol arbeitete, als er Stabschef des Vizepräsidenten Dan Quayle war, wird sich Bushs Redenschreiber Matthew Scully und Cheneys Redenschreiber John McConnell anschließen, die beide unter Kristol in Quayles Team gearbeitet hatten. Ein weiterer Redenschreiber Bushs, Peter Wehner, arbeitete für Kristol, als er Stabschef des damaligen Bildungsministers William Bennett war [selbst ein Schützling von Kristols Vater Irving Kristol], während der Redenschreiber des Nationalen Sicherheitsrats, Matthew Rees, für Kristol beim *Weekly Standard* tätig war.[41]

Tatsächlich verdanken viele der Personen, die die offiziellen Reden und öffentlichen Erklärungen nicht nur des Präsidenten und des Vizepräsidenten, sondern auch anderer wichtiger außenpolitischer Entscheidungsträger verfassen, Kristol ihre Schirmherrschaft. Die *Post* stellt jedoch fest, dass Kristols Einfluss noch weiter reicht. Auch andere Mitglieder der Bush-Administration schuldeten Kristol ihre Loyalität

Der Energieminister Spencer Abraham ist seit Quayles Zeiten ein Gefolgsmann Kristols, während der Leiter der Drogenpolitik, John Walters, unter Kristol im Bildungsministerium arbeitete. Jay Lefkowitz, der neue Leiter von Bushs Rat für Innenpolitik, war Kristols Anwalt. Zu Kristols weiteren Freunden zählen der Direktor des Nationalen Sicherheitsrats, Elliott Abrams, Cheneys Stabschef I. Lewis „Scooter" Libby, der stellvertretende Verteidigungsminister Paul Wolfowitz, der stellvertretende Außenminister John Bolton und Leon Kass, der Leiter von Bushs Bioethik-Expertengruppe. Die Tentakel reichen bis in [Bushs persönliches Umfeld]: Al Hubbard, ein enger

---

[41] *The Washington Post*, 19. März 2002.

Freund Bushs, war Kristols Stellvertreter im Team von Quayle.[42]

Was das Ganze besonders bemerkenswert macht, ist, dass Kristol selbst Bushs Gegner bei den republikanischen Vorwahlen, den Senator von Arizona John McCain, der ein glühender Anhänger Israels ist, im Präsidentschaftswahlkampf 2000 unterstützte.

So kann man sagen, dass Kristol - der in Bushs Kreisen anfangs vielleicht eher ein „Außenseiter" war - zu einem „Insider" mit einem unglaublichen und unübertroffenen Einfluss geworden ist.

Einer von Kristols Kritikern wies auf die massive Förderung hin, die er in den US-amerikanischen Medien genossen hatte. Bereits 1996 erklärte er, Kristol sei „bei weitem der am häufigsten in den Medien zitierte Privatmann [und damit] der wichtigste Stratege der republikanischen Partei".[43]

Das bedeutet im Wesentlichen, dass, wenn die großen US-Medien eine bestimmte Idee oder einen bestimmten Standpunkt fördern wollen, die Print- und Rundfunkjournalisten sich wegen seiner „neokonservativen" Sichtweise an Kristol wenden, oft unter Ausschluss von bekannteren, angeseheneren und besser informierten Personen. Einige argumentieren, dass dies angesichts der als stark pro-israelisch wahrgenommenen Voreingenommenheit der Mainstream-Medien kein Zufall ist.

Mit William Kristol, der als wortgewandter und energischer Medienfunktionär agiert, haben die „neokonservativen" Kräfte innerhalb der Bush-Regierung einen mächtigen Verbündeten bekommen, der wiederum über äußerst lukrative Ressourcen und unterstützende internationale Einflussbeziehungen verfügt.

---

[42] *Ibid.*

[43] Eric Alterman. *The Nation*, 23. Dezember 1986.

So begannen Kristol und seine neokonservativen Kräfte nach den Terroranschlägen vom 11. September, als die Bush-Regierung sich auf eine Antwort auf den Angriff auf Amerika vorbereitete, sich der Idee anzuschließen, die amerikanische Antwort gegen den Hauptverdächtigen, den islamisch-fundamentalistischen Führer Osama bin Laden, zu einem Generalangriff auf die arabische und muslimische Welt auszuweiten.

Zunächst schien Außenminister Colin Powell die einzige bekannte Persönlichkeit der Bush-Regierung zu sein, die sich einer imperialen Politik der USA, die auf einem Krieg gegen den Irak beruhte, widersetzte.

Gemeinsam mit den Generalstabschefs der Armee, die eine vorsichtige Herangehensweise an die Krise befürworteten, sah sich Powell innerhalb der Bush-Regierung mit einer zusammengeschweißten Gruppe erbitterter Kriegstreiber konfrontiert, die versuchten, die erklärte Politik der Regierung zu ignorieren, und entschlossen waren, sie für ihre eigenen Zwecke zu unterwandern.

Während der stellvertretende Verteidigungsminister Paul Wolfowitz in der Bush-Regierung der Hauptansprechpartner der Israel-Lobby war und auf einen Totalangriff auf arabische Schlüsselstaaten wie Irak und Syrien drängte - von der Islamischen Republik Iran ganz zu schweigen -, wurden seine Bemühungen geschickt von William Kristol und seinem „neokonservativen" Politik- und Propagandanetzwerk unterstützt.

KISSINGER UND KRISTOL

In ihrer Ausgabe vom 24. September 2001 fasst die in Washington ansässige *American Free Press* Kristols Hintergrund kurz zusammen und stellt fest, dass er Mitglied der geheimen Bilderberg-Gruppe ist, die gemeinsam von den Finanzimperien Rockefeller und Rothschild finanziert wird. Kristol ist auch Mitglied des Council on Foreign Relations, bei dem es sich möglicherweise um „die" amerikanische Elitegruppe für Politikgestaltung handelt, d. h. um die amerikanische Filiale des von den Rothschilds finanzierten Royal Institute of International Affairs in London.

Eine Untersuchung der *American Free Press* hat weitere Details über die zahlreichen Kontakte der Kristol-Familie ans Licht gebracht. Mit dem ehemaligen Außenminister Henry Kissinger im Vorstand betreiben die Kristols eine Firma, die als National Affairs, Inc. bekannt ist und zwei Bücher, *The National Interest* und *The Public Interest*, herausgibt.

Ein Großteil der Mittel für ihre Firma stammt von der Lynde und Harry Bradley-Stiftung, mit der der junge Kristol zuvor verbunden war. Tatsächlich ist diese Stiftung - wie wir später sehen werden - für ihre großzügige Finanzierung von Anliegen der antiarabischen und antiislamischen Propaganda bekannt.

Während Irving Kristol, wie bereits erwähnt, seit langem eine Schlüsselfigur im einflussreichen „neokonservativen" American Enterprise Institute ist, unterhielt sein Sohn William Kristol mindestens zwei weitere prominente PR-Organe:

1) Empower America, von Kristol zusammen mit den beiden ehemaligen Kongressabgeordneten Jack Kemp (R-N.Y.) und Vin Weber (R-Minn.) sowie dem ehemaligen Bildungsminister William Bennett mitgegründet - übrigens drei Nichtjuden, die alle für ihre enthusiastische, lautstarke und oft erklärte Hingabe an die pro-israelische Sache bekannt sind; und

2) Kristols jüngeres Unternehmen, das Project for the New American Century (Projekt für das neue amerikanische Jahrhundert), eine internationalistische Lobbygruppe, die zur Ausübung amerikanischer Militärmacht im Ausland aufruft, insbesondere im Zusammenhang mit Maßnahmen zur Förderung der Interessen Israels.

Nur eine Woche nach dem Terroranschlag vom 11. September auf die USA - in Verbindung mit der vom neokonservativen

Vizeverteidigungsminister Paul Wolfowitz innerhalb der Bush-Regierung geführten Kampagne, den Krieg gegen den Terrorismus auf Bemühungen auszuweiten, arabische und islamische Staaten, die von Israel als seine Feinde wahrgenommen werden, zu zerschlagen - veröffentlichte William Kristol einen Aufruf an, der von einer großen Zahl führender Außenpolitiker unterzeichnet wurde und Wolfowitz widerhallte.

Diese Persönlichkeiten nutzten wiederum ihre Beziehungen in akademischen, medialen und politischen Kreisen, um Druck auf die Bush-Regierung auszuüben, damit diese die von Wolfowitz geforderten Maßnahmen ergriff.

DIE VERSTRICKUNG VON RICHARD PERLE

Unter Kristols Mitarbeitern, die diesen Brief unterzeichnet haben, ist der allgegenwärtige Richard Perle, der ehemalige stellvertretende Verteidigungsminister der Reagan-Ära für internationale Sicherheitspolitik, der einflussreichste. Tatsächlich ist Perle vielleicht die singuläre treibende Kraft einer eng verbundenen Gruppe (einschließlich Wolfowitz), deren Ursprünge im modernen Establishment für nationale Sicherheit bis in die 1970er Jahre zurückreichen, als Perle einer der wichtigsten Mitarbeiter des verstorbenen Senators Henry M. Jackson (D-Wash.) war.

Perle und einer seiner engsten Mitarbeiter, Stephen J. Bryen, traten zum ersten Mal als sehr einflussreiche Mitarbeiter des US-Senats auf die Bühne in Washington. Perle war einer der wichtigsten Mitarbeiter von Senator Jackson, dem Vorsitzenden des Senatsausschusses für Streitkräfte. Bryen war einer der wichtigsten Mitarbeiter von Senator Clifford Case (R-N.J.), einem einflussreichen Mitglied der Demokratischen Republikanischen Partei im Senatsausschuss für Außenbeziehungen.

Jackson und Case waren beide als leidenschaftliche öffentliche Verteidiger Israels bekannt. Hinter den Kulissen waren ihre beiden Assistenten jedoch damit beschäftigt, dem winzigen, aber mächtigen Staat im Nahen Osten „Sonderdienste" zu leisten.

Nachdem der Nationale Sicherheitsrat 1970 angeordnet hatte, die israelische Botschaft in Washington abzuhören, stellte sich heraus, dass Perle geheime Informationen an einen Beamten der israelischen Botschaft weiterleitete. Obwohl der damalige CIA-Direktor Stansfield Turner Jackson wütend aufforderte, Perle zu entlassen, weigerte sich Jackson und goss damit Öl ins Feuer der langjährigen Spekulationen, dass die israelische Lobby den erfahrenen Gesetzgeber „im Griff" hatte.

1975 stellte der amerikanisch-jüdische Journalist Stephen Isaacs, der für *die Washington Post* schrieb, in seinem Buch *Jews and American Politics* fest, dass Perle - zusammen mit einem anderen wichtigen jüdischen Mitglied des Kongresspersonals, Morris Amitay, der später das American Israel Public Affairs Committee (AIPAC), eine führende Israel-Lobby, leitete - „eine kleine Armee von Semitophilen auf dem Kapitol und eine direkte jüdische Macht im Namen jüdischer Interessen befehligte".[44]

DER FALL TEAM B

Perles Einfluss reichte jedoch weit über die Korridore des Kongresses hinaus. Er war nicht nur eine Schlüsselfigur der Israel-Lobby auf dem Kapitol, sondern spielte Mitte der 1970er Jahre auch eine entscheidende Rolle bei der Auswahl eines offiziellen Gremiums - offiziell als „Team B" bekannt -, das als angeblich „unabhängiger" Beirat zu den Einschätzungen der Geheimdienste über die sowjetischen Ziele und Fähigkeiten fungierte.

---

[44] Stephen D. Isaacs. *Jews and American Politics*. (New York: Doubleday & Company, 1975), S. 254.

Tatsächlich waren die Mitglieder des B-Teams durch ihre Entschlossenheit verbunden, dafür zu sorgen, dass jeder Aspekt der amerikanischen Außenpolitik auf eine Politik ausgerichtet wurde, die sich als vorteilhaft für Israel erweisen würde.

Um zu verstehen, was heute in unserer Welt als Folge der Herrschaft der Neokonservativen im Bundesstaat Washington geschieht, ist es unerlässlich, die geopolitischen Ereignisse rund um die Geschichte der als „Team B" bekannten Gruppe zu verstehen.

Obwohl das B-Team auf höchster Ebene debattiert und diskutiert wurde, erreichte die Geschichte des B-Teams erst ein breites Publikum, als der verstorbene Andrew St. George, ein angesehener internationaler Korrespondent und ehemaliger Mitarbeiter des *Life-Magazins*, auf den Seiten einer landesweiten Freischärler-Wochenzeitung, *The Spotlight*, über seine Geschichte zu schreiben begann.

Das B-Team entstand Mitte der 1970er Jahre, zu einer Zeit, als die Falkenfraktionen der israelischen Regierung in Washington intensiv Lobbyarbeit betrieben, um mehr Rüstungshilfe und Finanzspritzen im Rahmen des US-Außenhilfeprogramms zu erhalten. Treue Unterstützer Israels wie Senator Jackson argumentierten, dass Israel mehr militärische Macht benötige, um den Nahen Osten vor der „sowjetischen Aggression" zu schützen - ein Argument, das die strikten Antikommunisten in beiden politischen Parteien entzückte. Israel spielte die „sowjetische Karte" voll aus.

Die Israelis waren vehement gegen eine Entspannung, da sie befürchteten, dass die Zusammenarbeit zwischen den USA und der Sowjetunion zu gemeinsamen Aktionen der beiden Supermächte führen würde, die sich gegen die israelischen Interessen richten könnten.

So beschuldigte Albert Wohlstetter, Professor an der Universität von Chicago, 1974 die CIA, die sowjetische Raketenstationierung systematisch zu unterschätzen. Wohlstetter, ein sehr bekannter

Architekt der amerikanischen Nuklearstrategie, war auch der langjährige intellektuelle Mentor von Richard Perle. [45] Tatsächlich war die Beziehung sogar noch enger: Der in Los Angeles aufgewachsene Perle war ein Highschool-Freund von Wohlstetters Tochter.

Weitgehend gestützt auf Wohlstetters Offenheit begannen Perle und andere pro-israelische Aktivisten auf dem Kapitol und im offiziellen Washington, die CIA anzugreifen und eine weitere Untersuchung der Analyse der sowjetischen Macht durch die CIA zu fordern. Perle nutzte die Büros von Senator Jackson - der sich um die Nominierung der Demokratischen Partei für die Präsidentschaftswahlen 1976 bemühte, die hauptsächlich von amerikanisch-jüdischen Geldgebern finanziert wurden - als „Hauptquartier" für den Angriff auf die CIA.

Die Analysten der US-Geheimdienste kümmerten sich jedoch nicht um Israels Angstschreie. Angeführt von erfahrenen Analysten des Office of National Estimates beruhigten sie das Weiße Haus mit der Behauptung, dass die Sowjets zumindest im Moment weder die Absicht hätten noch in der Lage seien, ein wichtiges Ziel von vitalem Interesse für die USA anzugreifen, wie etwa die ölreichen Golfstaaten.

Dennoch haben Israels Verbündete in Washington versucht, die Schlussfolgerungen des Office of National Estimates zu entkräften. Unter dem politischen Druck von Senator Jackson und anderen Unterstützern Israels stimmte Präsident Gerald Ford Mitte 1976 (als George Bush Direktor der CIA war) zu, eine sogenannte „Prüfung" der Geheimdienstdaten, die von den eigenen nationalen Geheimdienstagenten der CIA (bald „A-

---

[45] Anne Hessing Cahn, *Bulletin of Atomic Scientists*. April 1993. Online unter: thebulletin.org/issues/1993/a93/a93Teamb.html.

Team" genannt) geliefert wurden, durch einen Ausschuss „unabhängiger" Experten - bekannt als „B-Team" - einzuführen.

Die neu gegründete und demonstrativ „unabhängige" Gruppe - B-Team - unter der Leitung des Harvard-Professors Richard Pipes, eines in Russland geborenen Anhängers der zionistischen Sache, ist jedoch zu einem Vorposten des israelischen Einflusses geworden.

(Jahre später wurde Pipes' Sohn Daniel Pipes zu einem der führenden antiarabischen und antimuslimischen Propagandisten des neokonservativen Netzwerks, der in enger Zusammenarbeit mit Perle einen gut finanzierten Think Tank, das Middle East Institute, leitete. Im Sommer 2003 ernannte Präsident George W. Bush den jungen Pipes zum Mitglied des von der Bundesregierung gesponserten Friedensinstituts der Vereinigten Staaten, trotz der Einwände vieler, die Pipes für einen hasserfüllten Sektierer mit einer einseitig denkenden politischen Agenda hielten). Wie dem auch sei, Richard Perle war weitgehend dafür verantwortlich, die Mitglieder des B-Teams auszuwählen. Paul Wolfowitz wurde auf Empfehlung von Perle in das B-Team aufgenommen. Dasselbe gilt für den erfahrenen Diplomaten Paul Nitze, neben anderen prominenten Mitgliedern des ausgewählten Teams.

Anne Hessing Cahn, die sich später mit der B-Team-Affäre befasste, schrieb, dass „es eine fast inzestuöse Nähe zwischen den meisten Mitgliedern des B-Teams gab",[46], und zitierte Perle, der sagte, dass „die jüdisch-neokonservative Verbindung aus dieser Zeit der Sorge um Entspannung und Israel entstand".[47] Robert Bowie, ehemaliger stellvertretender Direktor der CIA für

---

[46] Anne Hessing Cahn. *Killing Détente: The Right Attacks the CIA* (State College, Pennsylvania: Pennsylvania State University Press, 1998), S. 151.

[47] *Ibid.* S. 30.

nationale Nachrichtendienste, beschrieb die Bemühungen des B-Teams als „Kampf um die Seele der republikanischen Partei, um die Kontrolle über die Außenpolitik innerhalb eines Parteizweigs zu erlangen".[48]

In der Zwischenzeit wurde John Paisley, ein kürzlich pensionierter CIA-Mitarbeiter, von CIA-Direktor Bush als Verbindungsmann zwischen dem internen „A-Team" der CIA und dem von den Israelis beeinflussten „B-Team" eingesetzt.

Meade Rowington, ein ehemaliger Analytiker der US-Gegenspionage, der von Andrew St. George in *The Spotlight* vom 5. Februar 1996 zitiert wurde, stellte fest: „Es wurde Paisley schnell klar, dass diese kosmopolitischen Intellektuellen lediglich versuchten, die Empfehlungen der CIA zu diskreditieren und sie durch die von israelischen Schätzern bevorzugte alarmistische Sicht der sowjetischen Absichten zu ersetzen".[49]

Anfang 1978 hatte das B-Team seine Überprüfung der Verfahren und Programme der CIA abgeschlossen und einen langen Bericht veröffentlicht, in dem fast alle Schlussfolgerungen, die der US-Geheimdienst in den Jahren zuvor über die sowjetische Militärmacht und ihre geplante Verwendung gezogen hatte, scharf kritisiert wurden.

Der von den Israelis beeinflusste Bericht des B-Teams behauptete, dass die Sowjets heimlich eine sogenannte „Erstschlag"-Fähigkeit entwickelten, da die sowjetische strategische Doktrin davon ausging, dass ein solcher hinterhältiger Angriff sie zum Sieger eines nuklearen Schlagabtauschs mit den USA machen würde. Das B-Team wies die Einschätzungen von Analysten zurück, die es für

---

[48] *Ibid*, S. 187.

[49] *The Spotlight*, 5. Februar 1996.

unwahrscheinlich hielten, dass Moskau einen Atomkonflikt auslösen würde, wenn es nicht angegriffen würde. Letztendlich setzten sich natürlich die Schlussfolgerungen des B-Teams durch und die direkte Folge war eine virtuelle Wiederaufnahme des Wettrüstens und eine erneute massive US-Militär- und sonstige Hilfe für Israel in den 1980er Jahren.

Gestützt auf das, was Kritiker als betrügerische Schätzungen des israelischen Geheimdienstes beschuldigten (und was sich auch herausstellte), stützte sich der Bericht des B-Teams auf die Warnung, dass die Sowjetunion ihre Ölreserven rasch erschöpfen würde.

Dementsprechend prognostizierte das B-Team, dass die sowjetische Ölproduktion ab 1980 unter akutem Mangel leiden würde und Moskau gezwungen wäre, bis zu 4,5 Millionen Barrel pro Tag zu importieren, um seinen Grundbedarf zu decken. Hungrig nach Öl - so die israelische Desinformation - würden die Sowjets in den Iran oder einen anderen ölreichen Golfstaat einmarschieren, selbst wenn dies eine nukleare Konfrontation mit den USA bedeutete.

Obwohl der Abschlussbericht des Teams geheim gehalten wurde und nur einer Handvoll Regierungsbeamten zugänglich war, soll John Paisley im Sommer 1978 eine Kopie des Berichts in die Hände gefallen sein und sich daran gemacht haben, eine detaillierte Kritik zu verfassen, die diese israelische Desinformation zerstören sollte. Paisley wurde jedoch ermordet, bevor er seine Aufgabe abschließen konnte.

Laut Richard Clement, der unter der Reagan-Regierung das behördenübergreifende Komitee zur Terrorismusbekämpfung leitete: Die Israelis hatten keine Skrupel, die Aktivitäten wichtiger US-Geheimdienstmitarbeiter zu „beenden", wenn diese drohten, sie zu verraten. Diejenigen unter uns, die mit dem Fall Paisley vertraut sind, wissen, dass er vom Mossad getötet wurde.

Aber niemand, nicht einmal im Kongress, will aufstehen und es öffentlich sagen".[50]

Die stichhaltigen Beweise, die im Laufe der Jahre von verschiedenen unabhängigen kritischen Forschern innerhalb und außerhalb der Regierung zusammengetragen wurden - viele von ihnen sind übrigens Juden -, deuten darauf hin, dass die zionistischen Intriganten des B-Teams die imperialen Absichten und die sowjetische Militärstrategie tatsächlich übertrieben haben, wie Paisley und andere unparteiische Analysten behaupteten.

TEAM B ÜBERNIMMT DAS KOMMANDO

Letztendlich legte das hinter den Kulissen vom B-Team durchgeführte Experiment in den oberen Rängen der US-Geheimdienstgemeinschaft den Grundstein für das moderne „neokonservative" Netzwerk, das schließlich ab 2001 die Kontrolle über die Bush-Regierung übernahm.

In seiner gelehrten (wenn auch vage bewundernden) Studie über die Neokonservativen - *The Rise of Neoconservatism: Intellectuals and Foreign Affairs* - berichtet John Ehrman, dass die Verjüngung der „Blue Ribbon"-Gruppe aus der Zeit des Kalten Krieges, bekannt als Committee on the Present Danger, eine direkte Folge des B-Team-Prozesses war, im Wesentlichen ein PR-Ansatz zur Verbreitung der geopolitischen Perspektiven des B-Teams.[51]

---

[50] *Ibid.*

[51] John Ehrman. *The Rise of Neo-Conservatism: Intellectuals and Foreign Affairs,* (New Haven, Connecticut: University of Connecticut Press), 1995, S. 112.

Professor Benjamin Ginsberg stellt in seiner Geschichte, *The Fatal Embrace: Jews & the State,* einer Studie über die Rolle der Juden in den politischen Angelegenheiten der USA, dass der erfahrene Diplomat Paul Nitze, bekannt als „Team B", und der ehemalige Unterstaatssekretär Eugene Rostow zu den Gründern des neuen Komitees gehörten, zusammen mit dem ehemaligen Finanzminister Charls Walker, der damals als Lobbyist für Zuliefererfirmen im Verteidigungsbereich tätig war und so zur Finanzierung des Komitees beigetragen hat. Der Generalanwalt des Komitees war Max Kampelman, eine mächtige Person in Washington, die als Schlüsselfigur der Israel-Lobby bekannt ist. Ginsberg beschrieb das Wesen der Organisation freimütig:

> Das Committee on the Current Danger war in Wirklichkeit eine Allianz zwischen den Kalten Kriegern..., die an die Notwendigkeit glaubten, die Sowjetunion in Schach zu halten... der Rüstungsindustrie... die ein klares pekuniäres Interesse an der Erhöhung der Verteidigungsausgaben hatte, und pro-israelischen Kräften, die dazu übergegangen waren, hohe Verteidigungsausgaben und eine interventionistische US-Außenpolitik als wesentlich für das Überleben Israels zu betrachten, und die hofften, die Unterstützung Israels zu einem Teil der Bemühungen der USA zu machen, die Sowjetunion einzudämmen.

> Jeder dieser Verbündeten hatte ein Interesse daran, zu behaupten, dass die sowjetische Expansion eine „klare und gegenwärtige Gefahr" für die Vereinigten Staaten darstelle. Für die Kalten Krieger war dies ein politisches Evangelium und ein Weg, über den sie hofften, wieder an die Macht in der Bürokratie zu gelangen. Für die Rüstungsindustrie war es der Schlüssel zu hohen Gewinnen. Für die Israel-Lobby war die Opposition gegen die UdSSR eine Rubrik, um die

Ausweitung der amerikanischen Militär- und Wirtschaftshilfe für Israel zu rechtfertigen.[52]

Ginsberg betonte, dass die Mitglieder des Ausschusses während des Wahlkampfs 1980 aktiv an Ronald Reagans Bemühungen um die Präsidentschaftswahlen beteiligt waren und dass der Ausschuss daher „zum Vehikel wurde, mit dem die Allianz aus Kalten Kriegern, Rüstungsunternehmern und pro-israelischen Gruppen in die Reagan-Koalition eingebunden wurde und Zugang zur Regierung erhielt".[53]

Letztendlich holte Reagan, wie der amerikanische Historiker Richard Gid Powers feststellt, nicht weniger als 60 Mitglieder des Komitees in seine Regierung, darunter seine Gründer Paul Nitze und Eugene Rostow, die auf die kritischsten Posten im Bereich der Rüstungskontrolle gesetzt wurden.[54]

Die New York Times ging sogar so weit zu behaupten, dass der Einfluss des Komitees einer „virtuellen Übernahme des nationalen Sicherheitsapparats" gleichkomme.[55]

Als die Reagan-Regierung ihr Amt antrat, gründeten viele der gleichen Persönlichkeiten, die an den Aktivitäten des Komitees für die gegenwärtige Gefahr beteiligt waren, ein weiteres Komitee des „Blauen Bandes", dessen Motive parallel zu den Operationen des Komitees für die gegenwärtige Gefahr sind.

---

[52] Ginsberg, S. 205.

[53] Ginsberg, S. 205.

[54] Richard Gid Powers. *Nicht ohne Ehre: Die Geschichte des amerikanischen Antikommunismus.* (New York: Free Press), 1995, S. 393.

[55] *New York Times*, 23. November 1981.

Die neue Organisation, die unter dem Namen Komitee für eine freie Welt bekannt ist, wurde von Midge Decter, der Ehefrau eines anderen ehemaligen Trotzkisten und späteren „Neokonservativen", Norman Podhoretz, gegründet und zählte Personen wie Elliott Abrams, Gertrude Himmelfarb (Ehefrau von Irving Kristol und Mutter von William Kristol) und Michael Ledeen zu ihren Mitgliedern, die heute alle Teil des „Perle-Kristol-Netzwerks" sind. Namentlich Donald Rumsfeld, der derzeit als Verteidigungsminister in der Regierung von George W. Bush den Krieg der USA gegen den Irak fortsetzt, half bei der Spendensammlung für dieses Komitee.[56]

Wie die B-Team-Kritikerin Anne Hessing Cahn es ausdrückte: „Als Ronald Reagan gewählt wurde, wurde das B-Team seinem Wesen nach zum A-Team". [57] Und die Auswirkungen der falschen Einschätzungen des B-Teams beeinflussen Amerika auch zu Beginn des 21. Jahrhunderts noch immer, nicht nur in der Außen-, sondern auch in der Innenpolitik. Frau Cahn merkt

> Mehr als ein Drittel eines Jahrhunderts lang wurde die Wahrnehmung der nationalen Sicherheit der USA von der Vorstellung geprägt, dass die Sowjetunion auf dem Weg zur militärischen Überlegenheit über die USA war. Weder das B-Team noch die milliardenschweren Geheimdienste konnten erkennen, dass sich die Sowjetunion von innen heraus auflöste.

> Mehr als ein Drittel eines Jahrhunderts lang riefen die Behauptungen über die sowjetische Überlegenheit die USA dazu auf, „sich wieder zu bewaffnen". In den 1980er Jahren

---

[56] John Ehrman, S. 139-141.

[57] Anne Hessing Cahn in *Bulletin of Atomic Scientists*. April 1993. Online unter: thebulletin.org/issues/1993/a93/a93Teamb.html.

fand dieser Aufruf so viel Gehör, dass die USA ein Billionen-Dollar-Verteidigungsprogramm starteten.

Infolgedessen vernachlässigte das Land seine Schulen, Städte, Straßen und Brücken sowie sein Gesundheitssystem. Von der Gläubigernation schlechthin wurden die USA zur Schuldnernation schlechthin, um die Waffen zu bezahlen, die nötig sind, um der Bedrohung durch eine zerfallende Nation zu begegnen.[58]

Es besteht kein Zweifel daran, dass die Institution des B-Teams und die Auswirkungen, die es auf die amerikanische Politik hatte, den Grundstein für das spätere Machtstreben legten, das dazu führte, dass die Neokonservativen (die im Rahmen des B-Team-Prozesses von Richard Perle ausgebildet worden waren) ab 2001 die vollständige Kontrolle über die Politik der Regierung von George W. Bush übernahmen.

In diesen goldenen Jahren der Reagan-Ära und dem Aufstieg der Gruppe Team B erwiesen sich die Ernennung von Richard Perle zum stellvertretenden Verteidigungsminister für internationale Sicherheitspolitik und Perles anschließende Einstellung seines engen Freundes und ehemaligen Kommilitonen auf dem Kapitol, Stephen J. Bryen, als Stellvertreter als entscheidende Ereignisse, die in der Zukunft immense Auswirkungen haben sollten.

Und darin liegt eine Geschichte für sich...

DER PERLE-BRYEN-SPIONAGESKANDAL

Obwohl Perle und Bryen als hochrangige Politiker in der Reagan-Regierung immense Macht erlangten, wurde ihr Aufstieg beinahe durch einen Skandal unterbrochen, der nur zwei Jahre vor Reagans Wahl zum Präsidenten aufflog. Es ist unerlässlich,

---

[58] *Ibid.*

diesen Skandal zu verstehen, um zu begreifen, wie eng das Perle-Netzwerk mit der israelischen Regierung verbunden ist.

Beginnen wir mit der Feststellung, dass Perle zur Zeit der Handlung von Team B (Mitte der 1970er Jahre) das Team von Senator Jackson verließ und in den privaten Waffenhandel einstieg, wobei er zahlreiche lukrative Deals zwischen dem Pentagon und Soltam, einem der größten israelischen Rüstungsunternehmen, einfädelte.

Unterdessen wurde Stephen J. Bryen, Perles Partner auf dem Capitol Hill, seit 1977 vom FBI überwacht, als er verdächtigt wurde, seine Position als Mitarbeiter des Senatsausschusses für auswärtige Beziehungen zu nutzen, um an geheime Informationen des Pentagons zu gelangen, insbesondere über arabische Militärfragen, von denen die Defense Intelligence Agency vermutete, dass Bryen sie an die Israelis weiterleitete.

Dann, am 9. März 1978, wurde Bryen bei einem privaten Gespräch während des Frühstücks mit vier israelischen Geheimdienstmitarbeitern im Café des Madison Hotels in Washington belauscht. Aus dem Inhalt seines Gesprächs ging klar hervor, dass er die israelischen Beamten mit hochrangigen militärischen Informationen versorgte.

Erstaunlich ist jedoch, dass Bryen (ein Amerikaner und Mitarbeiter der US-Regierung) dabei belauscht wurde, wie er sich ständig auf die US-Regierung als „sie" bezog und das Pronomen „wir" benutzte, wenn er sich auf seine Position und die der israelischen Regierung bezog. Bryen konnte nicht ahnen, dass ein Amerikaner arabischer Herkunft, der in arabisch-amerikanischen Angelegenheiten und in der Lobbyarbeit zur Nahostfrage aktiv ist, ihn (Bryen) erkennen und die heikle Natur des Gesprächs, das Bryen mit israelischen Beamten führte, verstehen würde.

Der arabisch-amerikanische Geschäftsmann Michael Saba meldete den Fall dem Federal Bureau of Investigation. Zu gegebener Zeit entwickelte sich eine regelrechte FBI-Ermittlung gegen Bryen, die so weit ging, dass das Justizministerium (das die

Aufsicht über das FBI hat) eine 632 Seiten umfassende Akte über Bryens Aktivitäten anlegte.

Der ermittelnde US-Staatsanwalt Joel Lisker (ein Amerikaner mit jüdischem Glauben) empfahl, Bryen wegen des Verbrechens anzuklagen, nicht nur ein nicht registrierter ausländischer Agent für Israel gewesen zu sein, sondern auch Spionage für Israel begangen zu haben.

Der Skandal brach schließlich (in gewissem Maße) in den amerikanischen Medien aus, und zwar durch die liberale Zeitung *The Nation*, die behauptete, dass Bryen regelmäßig Befehle von Zvi Rafiah, einem Berater der israelischen Botschaft, erhalten habe. Tatsächlich erfuhren wir schließlich, dass Rafiah nicht nur ein Botschaftsberater war. Er war der Leiter der US-Station der Abteilung für Geheimdienste des israelischen Geheimdienstes Mossad.

Trotz all dessen wurde Bryen nicht angeklagt. Stattdessen wurde er aufgefordert, „diskret" die Mitarbeiter des Senatsausschusses für auswärtige Angelegenheiten zu verlassen, was er auch tat. Wie es sich gehört, ließ sich Bryen bald in Washington, D.C., als Publizist und Lobbyist für Israel nieder, und zwar als Direktor einer Gruppe, die als Jewish Institute for National Security Affairs (JINSA) bekannt ist.[59]

Als schließlich, wie wir gesehen haben, der Republikaner Ronald Reagan mit starker Unterstützung des neokonservativen jüdischen Netzwerks zum Präsidenten gewählt wurde, kehrten Perle und Bryen trotz des Skandals in die oberen Ränge des politischen Establishments der US-Regierung zurück.

---

[59] Der Fall Bryen wird ausführlich in *The Armageddon Network* von Michael Saba beschrieben (Brattleboro, Vermont: Amana Books, 1977).

Perle wurde zum stellvertretenden Verteidigungsminister für internationale Sicherheitspolitik ernannt und holte bald darauf Bryen als Stellvertreter für internationalen Wirtschaftshandel und Sicherheitspolitik. Perle wurde jedoch aufgrund seiner Beteiligung an israelischen Verteidigungsinteressen sehr umstritten.

Am 17. April 1983 veröffentlichte *die New York Times* einen wichtigen Artikel, in dem sie darauf hinwies, dass es ethische Fragen bezüglich Perles Arbeit für Zoltam, Israels größtes Rüstungsunternehmen, gab. Genau zu der Zeit, als Perle ins Verteidigungsministerium wechselte, nahm er von Shlomo Zabludowitz, dem Gründer von Zoltam, ein Honorar in Höhe von 50.000 US-Dollar für die Arbeit an, die er für das Unternehmen geleistet hatte. Dann, fast ein Jahr später, als er im Verteidigungsministerium tätig war, drängte er den Sekretär des US-Militärs, Geschäfte mit Zabludowitz in Betracht zu ziehen. Es wurde die Frage aufgeworfen, ob es sich dabei um einen Verstoß gegen die US-Gesetze zur Regelung der Ethik von Beamten handelte, doch Perle entging im Wesentlichen der Zensur.

Ironischerweise wurden ähnliche ethische Fragen in Bezug auf Perles private geschäftliche Transaktionen in den Tagen vor und unmittelbar nach dem Beginn des US-Krieges gegen den Irak im März 2003, also rund 20 Jahre später, aufgeworfen. Weder 2003 (noch zuvor) wurden jedoch unter ernsthafte Fragen zu den *hitzigeren Anschuldigungen* bezüglich einer möglichen Spionage durch Perle und seinen Freund und Kollegen Bryen für Israel aufgeworfen.

Wie dem auch sei, Perle und Bryen wurden unter der Reagan-Regierung einflussreich. 1984 schrieb das Magazin *Business Week* über Perle: „Um sicherzustellen, dass seine Ansichten vorherrschen, hat sich Perle ein mächtiges Netzwerk von

Verbündeten in den Hinterzimmern Washingtons aufgebaut".[60] 1986 zitierte *die Washington Post* einen hochrangigen Beamten des US-Außenministeriums, der behauptete, Perle sei „der mächtigste Mann im Pentagon"[61] - sogar mächtiger als sein eigentlicher Vorgesetzter, Caspar Weinberger, der damalige Verteidigungsminister.

Dies hielt jedoch unabhängige Zeitungen wie *Spotlight*, dessen investigativer Journalist Andrew St. George als erster über den Fall Bryen berichtete, nicht davon ab, zu versuchen, die Aufmerksamkeit der breiten Öffentlichkeit auf den Fall zu lenken. Dabei half ihnen der arabisch-amerikanische Geschäftsmann Michael Saba, der als erster gesehen und gehört hatte, wie geheime Informationen von Bryen an israelische Agenten durchgesickert waren.

Auch dies hielt Saba und arabisch-amerikanische Organisationen nicht davon ab, weiterhin auf eine gründliche Untersuchung des Falls Bryen selbst und der undurchsichtigen Umstände zu drängen, die dazu führten, dass das Justizministerium die Anklage gegen Bryen fallen ließ. Obwohl Saba ein ausführliches Buch mit dem Titel *The Armageddon Network* veröffentlichte, in dem die Aktivitäten von Perle und Bryen beschrieben wurden, weigerte sich die Reagan-Regierung (unter dem Druck der Israel-Lobby), „Licht ins Dunkel" zu bringen und den Fall Bryen zu untersuchen. Die Einstellung der Spionage, die Aufrechterhaltung eines Gleichgewichts in den Beziehungen zu Israel und seinen arabischen Nachbarn und die Vermeidung israelischer Einmischung in die Formulierung der amerikanischen Politik sind für die amerikanischen Interessen im Nahen Osten von entscheidender Bedeutung. Der Fall Bryen, der Zweifel an all diesen Punkten aufkommen ließ, muss bereinigt

---

[60] *Business Week*, 21. Mai 1984.

[61] The Washington Post Magazine, *13. April 1986.*

werden".[62] In den letzten Jahren war die in Washington ansässige *American Free Press* praktisch die einzige große Publikation, die den Fall Bryen thematisierte.

ISRAEL UND DIE KARTE CHINAS

So blieben Perle und Bryen in den Jahren, die sie im Verteidigungsministerium unter der Regierung des Republikaners Ronald Reagan verbrachten, einflussreich - und ungezügelt. Doch interessanterweise erwiesen sich Perle und Bryen in dieser Zeit trotz ihres als sehr hart empfundenen „Antikommunismus" als die beiden wichtigsten Förderer der lukrativen (aber weitgehend unbekannten) Waffenexporte Israels in das kommunistische China.

Am 25. Januar 1985 berichtete die sehr pro-israelische *Washington Times*, dass „Perle, der Beamte der [Reagan]-Regierung, der am meisten für den Versuch verantwortlich war, den kommunistischen Ländern [des Ostblocks] amerikanische Waffentechnologie vorzuenthalten, die Waffenverbindung zwischen Israel und China befürworten würde. Stephen Bryen würde diese Verbindung ebenfalls befürworten...".

Für viele amerikanische Konservative - traditionelle Antikommunisten - war dies bedeutsam, insbesondere angesichts von Perles Ruf als „Anti-Kommunist". Am 21. Mai 1984 berichtete die Zeitschrift *Business Week* jedoch, dass ein Kongressassistent über Perle gesagt hatte: „Er ist kein virulenter Antikommunist; er ist ein virulenter Antisowjetiker".

Damals fanden Perles Kritiker eine Bedeutung in diesem Kommentar und stellten fest, dass viele „Neokonservative" in Wirklichkeit auffällig „reformierte" Trotzkisten waren und dass

---

[62] „Die amerikanischen Geheimnisse und die Israelis". Leitartikel im *Boston Globe*. 28. August 1986.

der „neokonservative" Krieg gegen die Sowjetunion vielleicht kaum mehr als die Fortsetzung einer ideologischen Schlacht war, die zwischen Josef Stalin und seinem Hauptrivalen Leo Trotzki begonnen hatte und die zwischen ihren Anhängern auch dann noch tobte, als Stalin und Trotzki schon längst nicht mehr lebten.

Es ist vielleicht kein Zufall, dass der ehemalige republikanische Vizepräsident Nelson Rockefeller für Aufsehen sorgte, als er Perle als „Kommunisten" bezeichnete.[63] Wie Zyniker anmerkten, entschuldigte sich Rockefeller zwar, doch der wortgewandte und gut informierte Milliardär wusste vielleicht etwas, was die meisten Menschen nicht wussten.

JINSA-DIE NEOKONSERVATIVE KRIEGSMASCHINE

In den folgenden Jahren, als Perle und Bryen weiterhin in pro-israelischen Kreisen in Washington aktiv waren, wurde ihre Macht und ihr Einfluss vom *Wall Street Journal* in einem Artikel mit dem Titel „Roles of Ex-Pentagon Officials at Jewish Group Show Clout of Cold-Warrior, Pro- Israel Network" (Rollen ehemaliger Pentagon-Beamter bei einer jüdischen Gruppe zeigen den Einfluss des pro-israelischen Netzwerks aus dem Kalten Krieg) hervorgehoben. Der Artikel beschreibt, was das *Journal* einen „kleinen, engen Kreis [nennt], der ein dauerhaftes Netzwerk von Konservativen des Kalten Krieges und pro-israelischen Interessen in Washington veranschaulicht". Obwohl der Kalte Krieg vorbei ist, stellt das *Journal* fest, dass „ihre politischen und staatlichen Verbindungen eine Quelle des Einflusses für pro-israelische Kräfte sind".[64]

---

[63] *New York Times*, 3. Mai 1986.

[64] Alle zitierten Bemerkungen stammen aus dem *Wall Street Journal*, 22. Januar 1992.

Der Artikel berichtete über die Aktivitäten der als Jewish Institute for National Security Affairs (oder JINSA) bekannten Gruppe, die Perles Partner Stephen Bryen gegründet hatte, kurz bevor er unter Perle in der Reagan-Regierung diente (während Bryens Regierungspause wurde das JINSA von Bryens Frau Shoshana geleitet). Bei der Beschreibung des Einflusses von JINSA erklärte das *Journal*:

> Ohne großes Brimborium hat sich JINSA selbst einen Platz erobert, indem es engere militärische Verbindungen zwischen den USA und Israel pflegt und die jüdischen Amerikaner dazu auffordert, für eine starke Verteidigung im eigenen Land zu stimmen. Die Gewinnung von Unterstützung im Pentagon hat oberste Priorität. Im Rahmen eines Programms mit dem Titel „Schicken Sie einen General nach Israel" finanzieren Hunderttausende Dollar an steuerlich absetzbaren Beiträgen eine jährliche Israel-Tour pensionierter US-Generäle und Admiräle. Sie tauschen sich mit israelischen Beamten aus und besuchen strategische Gebiete wie die Golanhöhen.[65]

Es ist kein Zufall, dass JINSA heute (wie wir oben gesehen haben) einer der Hauptakteure in den „neokonservativen" Kreisen ist, die die Politik der Bush-Administration bestimmen. Nicht nur Vizepräsident Dick Cheney, sondern auch der stellvertretende Unterstaatssekretär im Verteidigungsministerium Douglas Feith waren - wie wir gesehen haben - mit dem JINSA verbunden, bevor er sein Amt antrat.

Unsere Diskussion über die frühen Jahre der neokonservativen Bewegung endet daher mit den Ereignissen zwischen dem 11. September 2001 und dem Beginn des Krieges gegen den Irak.

---

[65] *Ibid.*

Zusammen mit seinem langjährigen Freund Paul Wolfowitz, der in der Bush-Regierung daran arbeitet, einen totalen Krieg gegen die wahrgenommenen Feinde Israels zu fördern, hat sich Perle mit William Kristol zusammengetan, um etwas zu bilden, das wie eine Version von zweite Generation des „B-Teams" aussieht, das nichts anderes als eine „Kriegspartei" ist.

Am Tag nach den Anschlägen vom 11. September verfassten Perle und Kristol einen Brief an den Präsidenten, in dem sie Wolfowitz' Aufruf zu einem totalen Krieg gegen den Irak, den Iran und Syrien sowie die palästinensische Hisbollah aufgriffen. Um ihre Bemühungen zu vervollständigen, baten sie eine große Anzahl „neokonservativer" Agenten - sowie eine Handvoll „Liberaler" -, sich ihnen anzuschließen und den Brief zu unterzeichnen.

DIE KRIEGSPARTEI - EINIGE NAMEN

Obwohl die Unterzeichnerliste parteiübergreifend ist und eine Reihe von Personen umfasst, die mit der „liberalen" Philosophie identifiziert werden, ist der einzige rote Faden, dass, offen gesagt, zwar die meisten Personen auf der Liste jüdisch sind, aber diejenigen, die es nicht sind, schon lange begeisterte Mitglieder dessen sind, was der traditionelle amerikanische Konservative Pat Buchanan, ein Kritiker der Neokonservativen, im offiziellen Washington als „Israels Amen-Ecke" bezeichnet hat.

Ebenso haben alle Unterzeichner langjährige und enge Verbindungen zum Netzwerk der Kristol-Familie und ihren Verbündeten im Einflussbereich rund um Richard Perle seit der Zeit des ehemaligen „B-Teams" in den 1970er Jahren.

Sie sind in der Tat die „Kriegspartei". Das Folgende ist ein virtuelles „Who's who" der imperialen Kriegspartei.

Gary Bauer. Als weiterer langjähriger Satellit von Irving Kristol und dessen Sohn William (mit dem er Anteile an einer Ferienwohnanlage teilte) war Bauer durch seine Leitung des

Family Research Council ein glühender und unerschütterlicher Verfechter Israels innerhalb der amerikanischen Bewegung der „christlichen Rechten".

William J. Bennett. Seine gesamte Karriere in der offiziellen Welt Washingtons fand unter der Schirmherrschaft der Kristol-Familie statt, von seiner Position als Präsident des National Endowment for the Humanities über seine Tätigkeit als Sekretär für Bildung unter Präsident Ronald Reagan bis hin zum „Drogenzar" unter Präsident George H. W. Bush. Er ist Co-Direktor eines von Kristol gesponserten „Think Tanks", der unter dem Namen Empower America bekannt ist und 1991 gegründet wurde. Im Gegenzug für Irving Kristols Sponsoring verschaffte Bennett William Kristol seinen ersten hochrangigen Regierungsposten, indem er ihn zum Stabschef im US-Bildungsministerium ernannte.

Eliot Cohen. Als Direktor des Zentrums für strategische Bildung an der Nitze School of Advanced International Studies (SAIS) - deren Dekan der ehemalige stellvertretende Verteidigungsminister Paul Wolfowitz vor seiner Rückkehr ins Verteidigungsministerium war - ist Cohen der Autor eines neuen Buches über die „Sicherheitsrevolution Israels".

Midge Decter. Decter ist die Ehefrau von Norman Podhoretz, einem Mitglied des Council on Foreign Relations [siehe unten] und einer prominenten Medienpersönlichkeit. Sie ist die Mutter von John Podhoretz, der stellvertretender Chefredakteur des *Weekly Standard* war, dessen Chefredakteur und Herausgeber William Kristol ist.

Thomas Donnelly. Donnelly ist stellvertretender Direktor von William Kristols Project for the New American Century und ehemaliger Chefredakteur von *The National Interest*, einer „neokonservativen" Zeitschrift, die von Kristols Vater Irving Kristol gegründet wurde. Donnelly ist ein erfahrener Militärkorrespondent, der am SAIS der Johns Hopkins University ausgebildet wurde, wo Paul Wolfowitz Dekan war, bevor er (wie bereits erwähnt) ins Verteidigungsministerium zurückkehrte.

Hillel Fradkin. Fradkin ist bekennender Zionist, „Resident Fellow" am American Enterprise Institute und außerordentlicher Professor für Regierungslehre an der Georgetown University. In Washington leitet er das in Israel ansässige Shalem-Zentrum, das sich selbst als „Forschungsinstitut für jüdisches und israelisches soziales Denken" beschreibt. Fradkin war auch Vizepräsident der Lynde und Harry Bradley Foundation, einer „konservativen" Stiftung, die eine Unzahl von pro- israelischen (und anti-arabischen und anti-islamischen) Gruppen und Projekten mit Millionen von Dollar finanziert hat. Natürlich ist es kein Zufall, dass William Kristol in der Vergangenheit mit dieser Stiftung in Verbindung gebracht wurde und auch heute noch eine wichtige Rolle bei der Leitung ihrer Geschäfte spielt.

Frank Gaffney. Als wichtiger Akteur in der Perle-Kristol-Sphäre ist Gaffney der „falkenhafte" Direktor des Center for Security Policy, einer Washingtoner Denkfabrik, die für das bekannt ist, was als Unterstützung für „rechtsextreme israelische Anliegen" beschrieben wurde und Richard Perle in ihrem Vorstand hat. Gaffney selbst arbeitete an der Seite von Perle im Team von Senator Henry M. Jackson, als Perle aktiv am Aufbau des „B-Teams" beteiligt war und als Trumpfkarte vor Ort für Israel fungierte. Zu Gaffneys Vorstand gehören auch der ehemalige Direktor des American-Israel Public Affairs Committee, Morris Amitay, sowie der ehemalige Marineminister John Lehman [siehe unten]. Das CSP in Gaffney wird von der Irving I. Foundation finanziert. Moskowitz, die Immobilienkäufe in Israel unterstützt hat, die mit dem israelischen Premierminister Ariel Sharon in Verbindung gebracht werden, sowie von der bereits erwähnten, von Kristol beeinflussten Lynde und Harry Bradley Foundation. Gaffney ist auf die Ausbildung pro-israelischer Praktikanten für die Besetzung von Entscheidungspositionen in der Regierung und auf die Verbreitung pro-israelischer Propaganda in republikanischen und „konservativen" Kreisen spezialisiert. Gaffney ist ein viel zitierter Kolumnist, der für die „neokonservative" Zeitung *Washington Times* schreibt.

Reuel Marc Gerecht. Gerecht war früher Nahost-Spezialist in der Abteilung „Black Ops" der CIA und schreibt für Publikationen, die mit Kristol in Verbindung stehen, wie z. B. *The Weekly Standard.* Er ist der Schützling von Richard Perle.

Michael Joyce. Joyce, ein weiterer Schützling von Irving Kristol, ist der breiten Öffentlichkeit kaum bekannt. Er ist ein ehemaliger Lehrer, der durch seine Beteiligung an einer Reihe wohlhabender Stiftungen, die für ihre Unterstützung pro-israelischer Anliegen bekannt sind, an die Macht gekommen ist, insbesondere die Olin-Stiftung - finanziert durch Interessen im Bereich Chemie und Munition -, die die anti-islamische Propaganda des Schriftstellers Steven Emerson (eine viel zitierte „Autorität" zum Thema „islamischer Terrorismus") unterstützte, und die Lynde und Harry Bradley-Stiftung (wie oben erwähnt), deren Direktor Joyce viele Jahre lang war. Die Bradley Foundation war eine der Hauptfinanzierungsquellen von National Affairs, Inc., dem mit der Familie Kristol verbundenen Unternehmen, das die Zeitschriften *The National Interest* und *The Public Interest* herausgibt.

Donald Kagan. Kagan ist ein vielfach publizierter Historiker, der sich für die Geschichte des Krieges interessiert und wie William Kristol eine weltweite Beugung der amerikanischen Militärmacht befürwortet. Er ist Professor für Klassische Philologie und Geschichte an der Yale University.

Robert Kagan. Der Sohn des oben erwähnten Donald Kagan ist Direktor von William Kristols Project for the New American Century, Seniorpartner der Carnegie Foundation for International Peace, Chefredakteur von Kristols *Weekly Standard* und Verfasser einer regelmäßigen monatlichen Kolumne für die *Washington Post,* in der er ständig eine pro-israelische Linie vertritt und für die Einmischung der USA im Ausland plädiert. (Robert Kagans Bruder Frederick Kagan wurde ebenfalls zu einer führenden Figur im neokonservativen Machtnetzwerk).

Charles Krauthammer. Der berühmte Fernsehmoderator und Kolumnist der nationalen Presse Krauthammer, der als Psychiater ausgebildet wurde, scheint von der Idee besessen zu sein, jede wache Stunde dem Schreiben zu widmen und darüber zu sprechen, dass die USA ihre Energie auf die Erhaltung Israels und die Vernichtung der Feinde Israels verwenden sollten. Sein Gift für Israelkritiker ist vielleicht unübertroffen.

John Lehman. Der ehemalige Berater des Nationalen Sicherheitsrats (NSC) des damaligen Außenministers Henry Kissinger war später Marineminister unter der Regierung Reagan und stellvertretender Direktor der US-Behörde für Rüstungskontrolle und Abrüstung, wo er eng mit den pro-israelischen Kreisen um Paul Wolfowitz und Richard Perle verbunden war. Die britische Journalistin Claudia Wright stellt fest, dass Lehman, bevor er Marineminister wurde, „in israelischen Militärkreisen gut bekannt war, im Vorstand einer Denkfabrik in Philadelphia saß, die von amerikanischen Israel-Unterstützern geleitet wurde, und eine hochprofitable Verteidigungsberatungsfirma mit Geschäftsverbindungen zur israelischen Waffenindustrie leitete". Zusammen mit Perle und anderen bereits erwähnten Kumpanen der Kristol-Familie ist Lehman Mitglied im Vorstand des Center for Security Policy [siehe Frank Gaffney, oben].

Martin Peretz. Der betont pro-israelische Herausgeber der „liberalen" Zeitung New *Republic* erklärte in der Ausgabe seines Magazins vom 24. September, dass nach den Terroranschlägen vom 11. September „wir jetzt alle Israelis sind". Als Verbündeter der Neokonservativen gilt Peretz seit langem als Schlüsselfigur in einem Netzwerk von hochrangigen Redakteuren und Medienpersönlichkeiten, die nur ein Ziel vor Augen haben: die Förderung der Sache Israels.

Norman Podhoretz. Podhoretz ist Mitglied des Council on Foreign Relations und eine Schlüsselfigur in der einflussreichen New Yorker Sektion des American Jewish Committee und dessen „liberal gewordener konservativer" Zeitschrift *Commentary*. Er ist ein weiterer „Ex-Trotzkist", der sich zusammen mit Irving Kristol als einer der führenden Köpfe der pro-israelischen

Neokonservativen etabliert hat. Sein Sohn, John Podhoretz, war als stellvertretender Chefredakteur des von Rupert Murdoch finanzierten *Weekly Standard* ein Kollege von William Kristol.

Stephen J. Solarz. Als ehemaliges langjähriges Mitglied des Repräsentantenhauses, wo er eine wichtige Rolle bei der Verteidigung der Interessen Israels auf gesetzgeberischer Ebene spielte, ist Solarz heute ein einflussreicher internationaler Berater. Während seiner Zeit im Kongress spielte Solarz (zusammen mit Paul Wolfowitz, der damals zur Reagan-Regierung gehörte) eine wichtige Rolle beim Sturz des ehemaligen philippinischen Präsidenten Ferdinand Marcos, als der asiatische Führer versuchte, die Souveränität seines Landes zu behaupten.

Vin Weber. Als ehemaliges Mitglied des Repräsentantenhauses, wo er ein energischer (nichtjüdischer) Unterstützer Israels war, war Weber Mitbegründer von William Kristols Empower America und während des Präsidentschaftswahlkampfs 2000 einer der wichtigsten Berater von Senator John McCain (R-Ariz.). Während seiner Zeit im Repräsentantenhaus half Weber bei der Sabotage einer Bemühung, den Kongress zur Untersuchung des israelischen Terrorangriffs von 1967 auf die *U.S.S. Liberty* zu zwingen, bei dem 34 amerikanische Seeleute getötet und 172 weitere verstümmelt wurden. Weber ist außerdem Mitglied des Council on Foreign Relations.

Marshall Wittmann. Obwohl er Jude war, war Wittmann der Direktor für legislative Angelegenheiten der pro-israelischen Christlichen Koalition. Wittmanns Plädoyer für den „National Greatness Conservatism" - also die Einmischung der USA im Ausland und den Einsatz amerikanischer Militärmacht im Namen Israels - wurde auf den Seiten von William Kristols *Weekly Standard beworben.*

Obwohl es sich um einen repräsentativen Überblick über eine große Anzahl von Personen handelt, die Teil des Perle-Kristol-Netzwerks sind, ist er keineswegs vollständig. Er veranschaulicht jedoch die erstaunliche Macht und den Einfluss, die Kristol und seine Partner - die Hohepriester des Krieges - auf sich vereint haben.

Kristols Magazin *The Weekly Standard* ist die offiziell anerkannte Medienstimme für diese Kombination, und zwar so sehr, dass Kristols Magazin, obwohl seine tatsächliche Auflage recht gering ist, von den meisten anderen großen Medien allgemein als sicherlich eine der einflussreichsten Publikationen Amerikas anerkannt wird, und zwar ausnahmslos.

DER KRISTOLISCHE KRIEG

Es war also gar nicht so außergewöhnlich, dass Kristol am 17. März 2003, einen Tag bevor die USA den Krieg gegen den Irak begannen, in einem unterzeichneten Leitartikel des *Weekly Standard* damit prahlen konnte, dass „offensichtlich sind wir froh, dass die Irak-Strategie, die wir lange Zeit befürwortet haben... zur Politik der US-Regierung geworden ist".[66]

Einen Tag später, am 18. März, als der Krieg begann, erinnerte *die Washington Post* ihre Leser an Kristols Einfluss und stellte fest, dass der Kolumnist der *Post*, Richard Cohen, den bevorstehenden Konflikt einmal als „Kristols Krieg" bezeichnet hatte. *Die Post* schrieb über Kristol, dass angesichts der Tatsache, dass die US-Streitkräfte kurz davor stehen, Bagdad zu bombardieren, „es so aussieht, als sei es Zeit für Kristol".[67]

Für das belagerte irakische Volk und für die amerikanischen und britischen Soldaten, die bei der Verfolgung der Kriegsziele der Neokonservativen starben - und für die amerikanischen

---

[66] *The Weekly Standard*, 17. März 2003.

[67] „Bill Kristol, Keeping Iraq in the Cross Hairs" (Bill Kristol, Keeping Iraq in the Cross Hairs), *Washington Post*. 18. März 2003.

Steuerzahler, die die Rechnungen bezahlen müssen - war dies nicht ihre Zeit, auch wenn Kristol und Co. sich darüber freuen.

ABKEHR VON DER TRADITIONELLEN US-POLITIK

Wir haben gesehen, wie diese neue Form des „konservativen Imperialismus", die ihre Wurzeln in den Reihen einer Elite von „ehemaligen" trotzkistischen Linken hat - die sich in republikanische „Neokonservative" verwandelt haben -, die Zügel der Macht auf der höchsten Ebene der Regierung von Präsident George W. Bush an sich gerissen hat. Dieser konservative Imperialismus bildet die Grundlage für den aktuellen Krieg gegen den Irak und die künftigen imperialen Kriege der USA im Nahen Osten und anderswo.

Es sind diese Neokonservativen, die eine moderne Form des Imperialismus unterstützen - das Konzept des Interventionismus und der Einmischung der USA im Ausland. Der aktuelle Krieg gegen den Irak ist das Ergebnis eines langjährigen Vorhabens der Neokonservativen, die den Krieg als ersten Schritt in einem langfristigen Plan betrachten, der nicht nur die „Neugestaltung der arabischen Welt" zum Ziel hat, sondern auch die USA zur einzigen Weltmacht machen soll, deren militärische und wirtschaftliche Stärke unangefochten ist.

Diese politische Philosophie - der „Neokonservatismus" - hat die traditionelle „konservative" Sichtweise, die von republikanischen Nationalisten wie dem verstorbenen Senator Robert A. Taft, einer führenden Persönlichkeit in der amerikanischen Politik Mitte des 20. Taft und andere Gleichgesinnte waren nicht der Ansicht, dass es Amerikas Pflicht sei, die Rolle des „Weltpolizisten" zu spielen. Taft und seine Kollegen waren der Ansicht, dass es Amerikas erste Pflicht sei, die Bedürfnisse seines eigenen Volkes zu erfüllen und sich nicht in die Angelegenheiten anderer Nationen einzumischen.

Die sehr „liberale", an der Demokratischen Partei orientierte *Washington Post* - die *vielleicht* mächtigste Tageszeitung der USA - mochte Tafts konservative „America First"-Ansicht und die seiner politischen Erben nie.

Im letzten Jahrzehnt jedoch, als das sogenannte „neokonservative" Element begann, die konservative Bewegung in den USA und die oberen Ränge der Republikanischen Partei zu infiltrieren und schließlich zu übernehmen, wobei es zunehmend eine internationalistische und aggressive Weltsicht propagierte, begann die *Post*, sich zum Sprachrohr der „Neokonservativen" zu machen.

Am 21. August 2001 veröffentlichte The *Post* einen Artikel mit dem Titel „Empire or Not? Eine diskrete Debatte über die Rolle der USA", der sich in eine Reihe gelegentlicher Artikel einreihte, die sich mit „rechten Ideen" befassten. Der Artikel - der offensichtlich ein guter Werbegag für die „Neocons" war - wird mit einem Kommentar eingeleitet:

> Wer die USA als „imperialistisch" bezeichnet, tut dies in der Regel in Form einer Beleidigung. Doch in den letzten Jahren hat eine Handvoll konservativer Intellektueller damit begonnen, zu argumentieren, dass die USA tatsächlich imperialistisch handeln und diese Rolle auch übernehmen sollten.[68]

Laut der *Post* ist diese Idee, eine neue „Pax Americana" durchzusetzen, Teil einer „energischen und expansiven reaganistischen Außenpolitik", die die USA, wie die *Post* es formuliert, „zu einem Imperium der Demokratie oder der Freiheit" macht. Im Rahmen dieser neuen Form des Imperialismus erobern die USA kein Land und gründen keine Kolonien wie die alten britischen und römischen Imperien,

---

[68] *Washington Post*, 21. August 2001.

sondern „haben eine militärisch, wirtschaftlich und kulturell dominante globale Präsenz".[69]

Die *Post* stellte als Beispiel fest, dass einer der Hauptverfechter dieses neuen Imperialismus Thomas Donnelly war, stellvertretender Exekutivdirektor des Project for the New American Century, der von William Kristol gegründeten Denkfabrik in Washington.

DIE ERSTE KAISERLICHE OFFENSIVE SCHEITERT

Ironischerweise versuchten während der vorherigen Regierung von George H. W. Bush - dem Vater des derzeitigen US-Präsidenten - die härtesten neokonservativen Kräfte erfolglos, die gleiche imperiale Machtpolitik zu formulieren, die heute vom jungen Bush verfolgt wird.

Nachdem der erste Präsident Bush im ersten Krieg im Persischen Golf beschlossen hatte, sich aus dem Irak zurückzuziehen, ließ der damalige Verteidigungsminister Dick Cheney (heute Vizepräsident) den Entwurf eines unter der Leitung des Neokonservativen Paul Wolfowitz erstellten Dokuments in Umlauf bringen, das für einen weltweiten Unilateralismus der USA unter Aufgabe traditioneller amerikanischer Bündnisse eintrat.

Der Vorschlag schlug unter anderem vor, dass die USA eine präemptive Streitmacht von der Art in Erwägung ziehen sollten, wie sie schließlich 2003 gegen den Irak eingesetzt wurde. Als das Dokument jedoch an die Presse gelangte, distanzierte sich Präsident Bush, wie es der amerikanische Autor Michael Lind

---

[69] Alle Zitate: *Ebd.*

formulierte, „schnell [von ihm und seiner Regierung] von der Radikalität des Cheney-Wolfowitz-Berichts".[70]

Die Tatsache, dass Cheney so sehr in die neokonservative Position verliebt war, überraschte niemanden. Mehrere Jahre lang war Cheney mit der mit Richard Perle verbundenen Israel-Lobby verbunden, die als Jewish Institute for National Security Affairs (JINSA) bekannt ist und von Stephen Bryen, einem langjährigen Freund Perles, gegründet wurde, gegen den wegen Spionage für Israel ermittelt worden war. (Erst mit dem Antritt der zweiten Bush-Regierung - unter George W. Bush - setzten sich die konservativen Neo schließlich durch und hatten mit ihrem Wunsch nach einer imperialen Politik, die sich auf den vorgeschlagenen Angriff auf den Irak konzentrierte, endlich Erfolg.

Als der Krieg der USA gegen den Irak im März 2003 schließlich ausbrach, war die von der *Washington Post* beschriebene „ruhige" Debatte über den Imperialismus tatsächlich nicht mehr ruhig.

Der Anführer der Debatte zugunsten des US-Imperialismus war William Kristol, mit Verbündeten in der Bush-Regierung wie Paul Wolfowitz, nunmehr die Nummer zwei im Verteidigungsministerium, seinem Stellvertreter Douglas Feith und anderen, die alle aktiv von Richard Perle unterstützt wurden, der damals als Vorsitzender des Rates für Verteidigungspolitik der Bush-Regierung installiert wurde.

So wurde das Konzept des „amerikanischen Imperiums", nachdem der Krieg gegen den Irak längst begonnen hatte, in den Medien der amerikanischen Elite und in vielen intellektuellen Zeitschriften öffentlich diskutiert. Wie Jeet Heer im *Boston Globe*

---

[70] *Michael Lind.* Made in Texas: George W. Bush and the Southern Takeover of American Politics *(New York: Basic Books, 2003), S. 131.*

am 23. März 2003, nur wenige Tage nach dem ersten US-Angriff auf den Irak, feststellte, „wurde das Konzept des amerikanischen Imperiums in den Medien der amerikanischen Elite und in vielen intellektuellen Zeitschriften ausführlich diskutiert

> Seit den Anschlägen vom 11. September haben viele Außenpolitikexperten, vor allem aus dem rechten republikanischen Lager, aber auch einige liberale Internationalisten, die Idee des Imperiums neu überdacht.

> Amerika ist die großmütigste imperiale Macht, die es gibt“, sagte Dinesh D'Souza 2002 in *The Christian Science Monitor*. Afghanistan und andere Länder in Not verlangen heute nach der Art von aufgeklärter Auslandsverwaltung, wie sie einst von selbstbewussten Engländern in Jodhpur und Schutzhelm geleistet wurde“, behauptete Max Boot 2001 in einem Artikel im *The Weekly Standard* mit dem Titel „The Case for American Empire“ (Der Fall des amerikanischen Imperiums).

> Im *Wall Street Journal* behauptete der Historiker Paul Johnson, die „Antwort auf den Terrorismus“ sei der „Kolonialismus“. Der Kolumnist Mark Steyn in der *Chicago Sun-Times* behauptete, dass „Imperialismus die Antwort“ sei.

> Die Leute outen sich jetzt, wenn es um das Wort 'Imperium' geht“, stellte Charles Krauthammer, Kolumnist der *Washington Post*, fest. „Tatsache ist, dass seit dem Römischen Reich kein Land in der Weltgeschichte kulturell, wirtschaftlich, technologisch und militärisch so dominant war.[71]

---

[71] *The Boston Globe*, 23. März 2003.

Tatsächlich gehören alle oben genannten Autoren - D'Souza, Boot, Johnson, Steyn und Krauthammer - zu der energischen Clique von Medienanalysten, die das neokonservative Weltbild fördern.

OPPOSITION DER USA GEGEN DEN NEOKONSERVATIVEN IMPERIALISMUS

Es gibt jedoch noch immer eine Opposition gegen die imperiale Philosophie des „neokonservativen" Netzwerks.

Der wohl bekannteste Kritiker der Neokonservativen ist der Kolumnist Pat Buchanan, der in seiner Präsidentschaftskampagne, die er im Jahr 2000 für die Reform Party führte, das Banner des amerikanischen Nationalismus (im Gegensatz zu Internationalismus und Imperialismus) hochhielt. Buchanan, ein langjähriger Republikaner, schloss sich der Reform Party an, nachdem er erkannt hatte, dass seine Bemühungen, den traditionellen Nationalismus innerhalb der Republikanischen Partei wiederherzustellen, erfolglos blieben. Buchanans Buch A Republic, *Not an Empire (Eine Republik, nicht ein Imperium)* war ein Aufruf an die Basis, sich gegen die Absicht, eine „Pax Americana" zu errichten, zu wehren.

So bot Buchanan, nachdem sich der Wille zum Krieg gegen den Irak in den offiziellen politischen Kreisen der Bush-Regierung durchgesetzt hatte, die Seiten seiner neu gegründeten Zeitschrift *American Conservative* an, um die Gefahren des neuen Imperialismus anzuprangern, der vom Netzwerk der „Neokonservativen" propagiert wird.

Eine besondere Darstellung in Buchanans Magazin, die von Andrew Bacevich, einem pensionierten Oberst der US-Armee und Professor für internationale Beziehungen an der Boston University, verfasst wurde, gehört wahrscheinlich zu den besten und kürzesten spezifischen Analysen dessen, was den neuen US-Imperialismus ausmacht:

Das Weiße Haus veröffentlichte Ende September [2002] die *Nationale Sicherheitsstrategie* der Bush-Regierung, die in den hitzigen Diskussionen über den Regimewechsel in Bagdad unterging.

Bushs USNSS ist die bislang umfassendste Erklärung der globalen Ambitionen Amerikas nach dem Kalten Krieg. Die Regierung bringt darin klar ihre Absicht zum Ausdruck, die militärische Vormachtstellung Amerikas zu verewigen, und ihre an Bereitwilligkeit grenzende Bereitschaft, Gewalt anzuwenden, um die internationale Ordnung neu zu gestalten.

Diese neue Strategie stellt die Konfrontation mit Saddam Hussein in einen viel größeren Zusammenhang und zeigt, dass der Sturz des irakischen Diktators nur der nächste Schritt in einem groß angelegten Projekt ist, das unter dem Deckmantel des „Kriegs gegen den Terrorismus" verfolgt wird, aber letztlich darauf abzielt, die Welt nach unseren Vorstellungen umzugestalten.

Daraus ergibt sich das zweite große Thema der neuen nationalen Sicherheitsstrategie der USA, nämlich die offene Anerkennung und Billigung der zunehmenden Militarisierung der Außenpolitik der USA.

Um es drastisch auszudrücken: Die Bush-Regierung betrachtet Gewalt nicht mehr als letztes Mittel; vielmehr sieht sie militärische Macht als das effektivste Instrument der US-Regierung - den Bereich, in dem die USA den größten Vorteil besitzen.

Ausgehend von dem Grundsatz „Unsere beste Verteidigung ist ein guter Angriff" beschreibt das USNSS, wie Präsident Bush diesen Vorteil voll ausnutzen will.

Er wird dies auf zwei Arten tun. Erstens wird er die Fähigkeiten der USA zur Projektion ihrer Weltmacht ausbauen. Die USA, die bereits jetzt ungefähr so viel für ihre Verteidigung ausgeben wie der Rest der Welt zusammen, werden noch mehr, viel, viel mehr ausgeben.

Das Ziel dieser Erhöhung ist nicht, auf eine unmittelbare Bedrohung zu reagieren. Die Bush-Regierung erhöht das Budget des Pentagons mit dem Ziel, eine beispiellose und unerreichte Überlegenheitsspanne zu erreichen, sodass kein potenzieller Gegner auch nur in Erwägung ziehen kann, in Zukunft eine Herausforderung zu stellen. Auf diese Weise werden die USA ihren Status als einzige Supermacht auf ewig sichern. Die alten Sorgen über den „entgegengesetzten Willen mächtiger Staaten" werden verschwinden; von nun an wird eine einzige Macht den Ton angeben.

Zweitens beansprucht Präsident Bush mit dem USNSS, das das Konzept der „vorausschauenden Selbstverteidigung" kodifiziert, für die USA das Vorrecht, Gewalt präemptiv und unilateral einzusetzen, ganz gleich, wie ihre Interessen es erfordern (Dieses Vorrecht steht ausschließlich den USA zu: Bushs Strategie warnt andere Nationen ausdrücklich davor, „Präemption als Vorwand für Aggressionen zu benutzen"). Im Gegensatz zu den reaktiven und lauwarmen militärischen Abenteuern seines Vorgängers wird Bush die militärische Macht der USA proaktiv und in einem Umfang einsetzen, der ausreicht, um schnelle und entscheidende Ergebnisse zu erzielen. Die Aussicht auf einen immer stärkeren militärischen Aktivismus der USA - gegen Terroristen, gegen Schurkenstaaten, gegen Übeltäter aller Art - macht Angst.

Die nationale Sicherheitsstrategie der Bush-Regierung geht nirgends auf die Frage ein, ob die Mittel der Nation für die „große Mission" geeignet sind, zu der das Schicksal die Vereinigten Staaten demonstrativ berufen hat. Sie behauptet, dass die globale Hegemonie der USA notwendigerweise gutartig ist und dass man sich darauf verlassen kann, dass Washington die Bush-Doktrin des Vorkaufsrechts klug anwenden wird, zieht aber nirgends die Möglichkeit in Betracht, dass andere anderer Meinung sein könnten.

In Wahrheit können sich die Mitglieder der sogenannten außenpolitischen Elite unabhängig von ihrer Parteizugehörigkeit oder ideologischen Disposition keine Alternative zur „globalen Führung", dem bevorzugten Euphemismus für das globale Imperium, vorstellen.[72]

Obwohl er ein traditioneller „Konservativer" ist - im Gegensatz zur „neokonservativen" Sichtweise -, ist Bacevich nicht der einzige, der diese Bedenken auf der Website geäußert hat. Tatsächlich haben sogar liberale amerikanische Schriftsteller ähnliche Befürchtungen über die neuen Bestrebungen, ein amerikanisches Imperium zu schaffen, geäußert.

In der progressiven Zeitung *Mother Jones* gab der Autor Todd Gitlin einen Großteil von Bacevichs Äußerungen wieder. Gitlin bezog sich auch auf das neue Grundsatzpapier der Bush-Regierung und erklärte

> Das Dokument ist nicht so sehr zum Lesen als vielmehr zum Hochhalten gedacht. Es handelt sich um einen Internationalismus imperialer Prägung - wie bei Rom, als Rom herrschte. Seine Reichweite ist atemberaubend. Rom konnte bestimmte Teile der Welt nicht erreichen, aber die Bush-Doktrin kennt keine Grenzen.

> Sie wird wissen, wann die Bedrohungen auftauchen, zum Teil geformt, und sie muss nicht sagen, woher sie es weiß, und sie muss auch nicht überzeugend sein, was sie weiß. Die Doktrin bejaht alle Bequemlichkeiten und erkennt keine der Gefahren des Imperiums.

---

[72] „Bush's Grand Strategy", Andrew J. Bacevich, *American Conservative*, 4. November 2002.

Sie ignoriert die Kosten eines grenzenlosen Einsatzes und Krieges. Sie erkennt nicht die Gefahr, dass unvorsichtige Prahlerei bei der Rekrutierung von Terroristen hilft. Sie vergisst, dass alle Imperien untergehen - sie kosten zu viel, wecken zu viele Feinde, inspirieren Gegenimperien. Die neuen Imperialisten glauben, dass sie anders sind. Das ist bei allen Imperien der Fall.[73]

Gitlin kam (zu Recht) zu dem Schluss, dass die US-Regierung „auf dem Imperium herumhackt und es schwarz auf weiß gesagt hat".[74]

UNTERSTÜTZUNG DES IMPERIALISMUS DURCH AMERIKANISCHE ZIONISTEN

Trotz dieser Kritik begrüßten sehr mächtige Interessen in der politischen Arena der USA den von der Bush-Regierung verfolgten neuen Imperialismus. Diese Unterstützung wird durch einen bemerkenswerten Essay von Norman Podhoretz veranschaulicht, der in der Septemberausgabe 2002 des *Commentary* Magazine erschien, der einflussreichen neokonservativen Zeitschrift, die von der einflussreichen New Yorker Sektion von des American Jewish Committee, einer der wichtigsten zionistischen Organisationen auf amerikanischem Boden, herausgegeben wird.

Wie wir gesehen haben, war Podhoretz einer der „Gründerväter" des neokonservativen Netzwerks, das schließlich die höchste Macht in den Führungsgremien der Bush-Regierung übernahm. Als früher Protegé von William Kristols Vater Irving Kristol, dem „Paten" der Neokonservativen, ist Podhoretz auch heute noch

---

[73] „Amerikas Zeitalter des Imperiums", Todd Gitlin. *Mother Jones*, Januar/Februar. 2003.

[74] Gitlin, *Ebd.*

eine hoch angesehene Führungsfigur der neokonservativen Bewegung.

Podhoretz' Bewertung der neuen Politik ist daher besonders interessant, zumal Podhoretz bereitwillig zugibt, dass das ultimative Ziel von Bushs Politik, wenn sie zu Ende geführt würde, die Unterwerfung des arabischen Nahen Ostens, wie wir ihn heute kennen, wäre.

In seinem Essay behauptet Podhoretz auf etwas mystische Weise, dass nach der terroristischen Tragödie vom 11. September, die Amerika erschütterte, „eine Art Offenbarung, die in einem ganz anderen Feuer brannte als er selbst, die Winkel von Bushs Geist, Herz und Seele erhellte".

„Das läuft darauf hinaus", fügt Podhoretz hinzu, „dass George W. Bush, der nicht wusste, warum er zum Präsidenten der Vereinigten Staaten auserwählt worden war, nun *wusste*, dass der Gott, dem er sich als wiedergeborener Christ verpflichtet hatte, ihn zu einem bestimmten Zweck in das Oval Office gesetzt hatte. Er hatte ihn dort platziert, um einen Krieg gegen das Böse, den Terrorismus, zu führen".[75]

So scheint Podhoretz anzudeuten, dass Bush durch seine christlich-fundamentalistische Sichtweise auf den Weg des Imperialismus und des Krieges gegen die arabische Welt gedrängt wurde (und Podhoretz hat wahrscheinlich Recht!). (Podhoretz kommentierte dann, dass Bushs erste große Rede am 20. September nach den Terroranschlägen „die größte Präsidentenrede unserer Zeit gewesen sein könnte", und fügte nachdrücklich hinzu, dass Bush damit tatsächlich sogar den Standpunkt seines eigenen Vaters aufgab.

---

[75] „Lob der Bush-Doktrin", Norman Podhoretz, *Commentary*, September 2002.

Hier, so Podhoretz, wurde der Welt Bushs Bekehrung von einem konventionellen „Realisten" in der Form seines Vaters zu einem demokratischen „Idealisten" vom Schlage eines Reagan verkündet.[76]

Als er seine Unterstützung für Bushs neue Agenda erklärte, begrüßte Podhoretz die ultimativen Konsequenzen dieser Politik, wie sie Podhoretz und seine neokonservativen Kollegen sehen:

> Die Regime, die es mehr als verdient haben, gestürzt und ersetzt zu werden, sind nicht auf die drei Mitglieder der Achse des Bösen [d. h. Irak, Iran und Nordkorea] beschränkt.

> Zumindest sollte sich die Achse auf Syrien, den Libanon und Libyen erstrecken sowie auf Amerikas „Freunde" wie die saudische Königsfamilie und Hosni Mubarak in Ägypten sowie auf die Palästinensische Autonomiebehörde, unabhängig davon, ob sie von Arafat oder einem seiner Handlanger geführt wird.

> Es ist unbestreitbar, dass die Alternative zu diesen Regimen sich leicht als schlimmer erweisen könnte, selbst (oder gerade) wenn sie durch demokratische Wahlen an die Macht käme. Immerhin sympathisieren nach allen uns zur Verfügung stehenden Kriterien sehr viele Menschen in der muslimischen Welt mit Osama bin Laden und würden für radikal-islamische Kandidaten seines Kalibers stimmen, wenn sie die Gelegenheit dazu bekämen.

> Diese Möglichkeit auszuschließen, wäre der Gipfel der Naivität. Dennoch gibt es eine Politik, die sie verhindern kann, vorausgesetzt, die USA haben den Willen, den vierten Weltkrieg - den Krieg gegen den militanten Islam -

---

[76] *Ibid.*

erfolgreich zu führen, und wir haben anschließend den Mut, den besiegten Parteien eine neue politische Kultur aufzuzwingen.

Das haben wir in Deutschland und Japan direkt und ohne zu zögern getan, nachdem wir den Zweiten Weltkrieg gewonnen hatten... In Amerika wurde während des Zweiten Weltkriegs ein Lied populär: „Wir haben es schon einmal getan und wir können es wieder tun". Was ich den Skeptikern und Defätisten von heute zu sagen versuche, ist: Ja, wir haben es bereits getan und ja, wir können es wieder tun.[77]

Es ist offensichtlich, dass es sich hierbei um aggressive und kriegerische Worte und Annahmen handelt. Tatsache ist jedoch, dass diese Worte eine Ansicht repräsentieren, die auf den höchsten Ebenen der Regierung, die die mächtigste Nation der Welt regiert, höchsten Einfluss erlangt hat.

DAS MILITÄR STÖSST MIT DEN NEOKONSERVATIVEN ZUSAMMEN

Die amerikanische Militärführung stimmte jedoch nicht mit den Neokonservativen darin überein, dass eine Invasion des Irak zu einem Massenaufstand des irakischen Volkes gegen Saddam (im Bündnis mit den US-Streitkräften) führen würde oder dass der Rest der arabischen Welt zufrieden zuschauen würde. Auch das US-Militär wollte keinen Krieg führen. Die Militärführer sahen keine Notwendigkeit für die USA, mit dem Irak in Konflikt zu treten, da ein solcher Krieg den nationalen Interessen der USA zuwiderlief.

Die Vorstellung, dass die US-Militärführung den Krieg gegen den Irak irgendwie befürwortete, war ein Mythos, der vom

---

[77] *Ibid.*

proisraelischen neokonservativen Propagandanetzwerk des offiziellen Washington mit aktiver Unterstützung der proisraelischen Elemente in den US-Medien weit verbreitet wurde.

Nach den Terroranschlägen vom 11. September 2001 wiederholten die Schlagzeilen der Medien und die Talking Heads der Rundfunkanstalten in den USA unaufhörlich, das „Pentagon" bereite sich auf eine US-geführte Invasion des Irak vor, obwohl es keine wirklichen Beweise für eine Anstiftung oder Beteiligung des Irak an den Anschlägen gab (und bis heute gibt es keine solchen Beweise). (Wie dem auch sei, im Kopf des Durchschnittsamerikaners rief die Vorstellung, dass der Krieg vom „Pentagon" gefördert wurde, populäre Bilder von verehrten, heldenhaften, kämpfenden und mit Orden geschmückten Generälen und Admirälen hervor, die es kaum erwarten konnten, „Saddam zu schnappen".

Es gab nur ein großes Problem mit den Informationen, die die amerikanischen Medien verbreiteten. Die Wahrheit ist, dass die Berufssoldaten im Pentagon eine Invasion des Irak weder für möglich noch für notwendig hielten. Sie sahen darin eine potenzielle Katastrophe für die Vereinigten Staaten, die die USA (allein mit Israel) gegen die gesamte arabische und muslimische Welt in Stellung bringen könnte. Tatsächlich begann das pro-israelische neokonservative Netzwerk auf höchster Ebene der Bush-Regierung gerade wegen der Opposition des Militärs gegen den Irak damit, heimtückisch den Boden für die Verdrängung von US-Militärführern vorzubereiten, die sich gegen eine Beteiligung der USA an einem Krieg gegen den Irak aussprachen. Diese wenig beachtete Tatsache wurde in einem langen Bericht begraben, der am 1. August 2002 in der *Washington Post* veröffentlicht wurde. Laut dem Autor der *Post*, Thomas E. Ricks:

> Bei einem Treffen des Defense Policy Board, einer Beratergruppe des Pentagons, am 10. Juli ging es unter anderem darum, wie die Zurückhaltung des Militärs bei der

innovativen Planung eines Angriffs auf den Irak überwunden werden kann.

„Was diskutiert wurde, ist das Problem der Dienste", sagte ein Verteidigungsexperte, der an dem Treffen teilnahm. Seine Schlussfolgerung: „Es müssen einige Köpfe rollen, vor allem in der Armee".[78]

Es ist kein Zufall, dass der Verteidigungspolitische Rat (DPB) hinter einem Plan steht, der darauf abzielt, „Köpfe rollen zu lassen" innerhalb der Armee.

Obwohl vorgeblich „unabhängig", wurde die DPB damals (und auch heute noch) von Richard Perle dominiert, der, obwohl er nie in der US-Armee gedient hatte, ein Vermögen mit dem Verkauf von Waffen im Auftrag des israelischen militärisch-industriellen Komplexes gemacht und Jahre damit verbracht hatte, für US-Militäreinsätze zur Verteidigung der Interessen Israels zu werben.

Im Hinblick auf den aktuellen Konflikt zwischen pro-israelischen zivilen Neokonservativen und militärischen Führern erklärte die *Post* am 28. Juli 2002 kategorisch, dass:

> Trotz der wiederholten kriegerischen Äußerungen von Präsident Bush über den Irak argumentieren viele hochrangige US-Militärs, dass Präsident Saddam Hussein keine unmittelbare Bedrohung darstellt und dass die USA ihre Eindämmungspolitik fortsetzen sollten, anstatt in den Irak einzumarschieren, um einen Führungswechsel in Bagdad zu erzwingen.

> Die Unterstützung des Militärs für Containment und die Sorge über die möglichen negativen Folgen eines Angriffs auf den Irak werden von hochrangigen Beamten des State

---

[78] *The Washington Post*, 1. August 2002.

Department und der CIA geteilt, wie mit den zwischenbehördlichen Gesprächen vertraute Personen berichten.[79]

Die *Post* wies jedoch darauf hin, dass „hochrangige Zivilisten im Weißen Haus und im Pentagon überhaupt nicht einverstanden sind": „Hochrangige Zivilisten im Weißen Haus und im Pentagon sind vehement anderer Meinung". Diese nicht namentlich genannten „hochrangigen" Zivilisten waren neokonservative Kriegsfalken wie Perle und sein langjähriger Partner und engster Verbündeter in der Bush-Administration, der stellvertretende Verteidigungsminister Paul Wolfowitz, und sein Leutnant Douglas Feith.

Die Washington Post berichtete außerdem, dass „aktive Militärangehörige zwar nicht öffentlich Bushs Ausrichtung der Irakpolitik [privat] in Frage gestellt haben, einige aber ernsthafte Zweifel daran haben". Die *Post* fügte hinzu

> Pensionierte Offiziere und Experten, die in Kontakt mit hohen Militärs bleiben und frei sagen können, was aktive Militärs nicht sagen dürfen, unterstützen die Eindämmungspolitik offener und stellen die scheinbare Entschlossenheit der Regierung, sie aufzugeben, in Frage.[80]

Außenminister Colin Powell, der an zwei Kampfeinsätzen in Vietnam teilgenommen hatte, war zunächst in Übereinstimmung mit den hohen Militärs gegen den Irakkrieg. Auch General Tommy Franks, der schließlich den Krieg der USA gegen den Irak anführte, lehnte den Krieg ab.

Selbst die Juni-Ausgabe 2002 von *The Washington Monthly* - *einer* eminent „Mainstream"-liberalen Zeitschrift -

---

[79] *The Washington Post*, 28. Juli 2002.

[80] *Ibid.*

veröffentlichte eine Titelgeschichte über die „Get Iraq"-Gruppe und gab offen zu, wer sie war: Die meisten dieser Leute, so gab das Magazin zu, seien „jüdisch, leidenschaftlich pro-israelisch und pro-Likud". [81] Das Magazin stellt fest, dass die neokonservativen „Falken" „durch eine gemeinsame Idee vereint sind: Amerika sollte keine Angst davor haben, seine militärische Macht früh und oft einzusetzen, um seine Interessen und Werte zu fördern".[82]

Wie der *Washington Monthly* jedoch feststellt, ist diese Philosophie des Säbelrasselns „eine Idee, die die meisten Mitglieder des Establishments für nationale Sicherheit im Pentagon, im Außenministerium und in der CIA verärgert, die der Meinung sind, dass Amerikas militärische Stärke selten und nur als letztes Mittel eingesetzt werden sollte, am besten zusammen mit den Verbündeten".[83]

Doch diese aggressive und kriegerische Minderheit von Schwertkämpfern hat sich im offiziellen Washington an die Spitze der Macht geschoben und lässt nun ihren Einfluss spüren.

Tatsächlich versuchte die pro-israelische „Palastwache" unter der Führung von Paul Wolfowitz und um Verteidigungsminister Donald Rumsfeld herum, das Pentagon umzugestalten, indem sie sich gegen hochrangige amerikanische Militärs wandte, die sich gegen die Führung sinnloser imperialer Kriege in der ganzen Welt aussprachen, die nichts mit der Verteidigung Amerikas zu tun hatten.

Obwohl viele Amerikaner an der Basis glaubten, dass die Bush-Regierung und Verteidigungsminister Donald Rumsfeld von der

---

[81] Washington Monthly, *Juni 2002.*

[82] *Ibid.*

[83] *Ibid.*

amerikanischen Militärführung stark unterstützt wurden, sah die Wahrheit ganz anders aus.

Während Bush sein Amt mit der begeisterten Unterstützung der Familien von US-Militärs antrat, war die Wahrheit, dass die Militärführer im aktiven Dienst im Pentagon mit Rumsfeld und seinen neokonservativen Partnern wie Wolfowitz sehr unzufrieden waren.

Ein aufschlussreiches Profil Rumsfelds, das in der *Washington Post* vom 16. Oktober 2002 veröffentlicht wurde, legte einige wenig bekannte Details rund um die Bemühungen Rumsfelds und seiner pro-israelischen „Palastgarde", die Kontrolle über das Pentagon zu übernehmen, offen. Das Pentagon als „voller Spannung" beschreibend, stellte die *Post* unmissverständlich fest, dass:

> Viele hohe Offiziere aus dem Joint Chiefs of Staff und aus allen Teilen der Armee beschreiben Rumsfeld als häufig missbräuchlich und unentschlossen, der nur einem winzigen Kreis enger Berater vertraut, die offenbar darauf erpicht sind, Offizieren, die jahrzehntelang treue Dienste geleistet haben, eine Ohrfeige zu verpassen.

> Die Unzufriedenheit ist so groß, dass die drei Dienstsekretärinnen [Heer, Marine und Luftwaffe] aufgrund der fehlenden Autonomie zutiefst frustriert wären und erwägen würden, bis Ende des Jahres zu gehen.

> Alle drei sehen ihre Aktionen durch Rumsfeld und seine sogenannte kleine „Palastgarde" eingeschränkt, wie Insider im Pentagon berichten.[84]

---

[84] The Washington Post, *16. Oktober 2002.*

Obwohl die *Post* keine Namen nennt, ist die Identität der „Palastwache" kein Geheimnis. Ein Verteidigungsberater sagte der *Post*, dass „die Tiefe der Entfremdung wirklich auffällig ist", und fügte hinzu, dass seiner Meinung nach „Rumsfeld eine Rebellion umwirbt". Die *Post* behauptete, Rumsfeld und seine Partner hätten den Generalstab der Armee mit seinen 1200 Mitgliedern „im Visier".[85]

Rumsfeld und Wolfowitz versuchten, die Fähigkeit hochrangiger US-Militärs, sich an den Kongress, Regierungsstellen und die Medien zu wenden, einzuschränken, indem sie dem Joint Staff seine Büros für legislative Verbindungen, Rechtsberatung und öffentliche Angelegenheiten wegnahmen, die in der Vergangenheit, so die *Post*, „den Militärbeamten ein gewisses Maß an Autonomie verliehen, indem sie ihnen direkte Zugangswege zum Kongress, zu anderen Teilen der Regierung und zu den Medien verschafften".[86]

Tatsächlich versuchte Rumsfelds neokonservative Clique, die US-Militärführung von der amerikanischen Öffentlichkeit zu isolieren, da sie wusste, dass, wenn ein größerer Teil der Öffentlichkeit wüsste, dass das Militär gegen den Krieg gegen den Irak war, die Öffentlichkeit - in ähnlicher Weise - diese Ansicht höchstwahrscheinlich teilen würde, da sie konventionell dem Urteilsvermögen des Militärs vertraute.

Letztendlich setzten sich, wie wir heute wissen, die „Neokonservativen" durch und die Warnungen des Militärs wurden zum Leidwesen des Militärs ignoriert und beiseitegeschoben. *Die Ereignisse im Irak haben die Befürchtungen des Militärs seitdem bestätigt.*

---

[85] Alle Zitate, *Ebd.*

[86] *Ibid.*

DAS LIKUD DER AMERIKA: DIE NEOKONSERVATIVEN

Was die leitende Kraft der „neokonservativen" Philosophie, die diesen Traum vom amerikanischen Imperialismus unterstützt, bleibt, ist das vielleicht „kontroverseste" Thema in Amerika heute - die Rolle des harten israelischen Zionismus vom Typ Likud bei der Politikgestaltung der „Neokonservativen", die die Politik der Bush-Regierung bestimmen.

Um den Lauf der Weltgeschäfte heute zu verstehen, ist es entscheidend zu erkennen, dass die neokonservativen politischen Entscheidungsträger, die den Machtmotor in Washington am Laufen halten, in der Tat größtenteils jüdisch sind und darüber hinaus dem „rechten" Zionismus anhängen.

Der Autor Michael Lind, ein scharfer Kritiker der neokonservativen Prinzipien, fasst die „drei Säulen" der verfolgten globalistischen Doktrin zusammen

> „Der amerikanische Unilateralismus, der Präventivkrieg und die Ausrichtung der amerikanischen Außenpolitik auf die des rechtsgerichteten israelischen Führers Ariel Sharon. Jedes dieser Elemente der großen Strategie von George W. Bush stellte einen radikalen Bruch mit der vorherigen amerikanischen Außenpolitik dar".[87]

Namentlich hat ein amerikanisch-jüdischer Schriftsteller die zionistischen Träume, die Bushs Politik, insbesondere gegenüber dem Irak, leiten, für das *Time* Magazine zusammengefasst, eine Publikation, die von jüdischen Finanzinteressen kontrolliert wird, die um die mächtige Familie von Edgar Bronfman kreisen, der lange Zeit an der Spitze des Jüdischen Weltkongresses stand. In

---

[87] *Michael Lind.* Made in Texas: George W. Bush and the Southern Takeover of American Politics *(New York: Basic Books, 2003), S. 133-134.*

einem Essay mit dem Titel „How Israel is Wrapped Up in Iraq"
schreibt der *Time-Kolumnist* Joe Klein freimütig

> Ein stärkeres Israel ist ein integraler Bestandteil der
> Rechtfertigung für den Krieg gegen den Irak. Es ist ein Teil
> des Arguments, das seinen Namen nicht zu nennen wagt,
> eine Fantasie, die von der neokonservativen Fraktion der
> Bush-Regierung und von vielen Führern der jüdischen
> Gemeinschaft in den USA ruhig gepflegt wird.

> Die Fantasie beruht auf einer Domino-Theorie. Die
> Zerstörung von Saddams Irak wird nicht nur einen
> langjährigen Feind beseitigen, sondern auch die
> grundlegende Machtgleichung in der Region verändern. Sie
> wird Syrien und dem Iran eine Botschaft über die Gefahren
> der Unterstützung islamischer Terroristen senden.

> Dies wird auch eine Botschaft an die Palästinenser senden:
> Demokratisieren und Frieden zu israelischen Bedingungen
> schließen oder die Idee eines eigenen Staates vergessen. Im
> verrücktesten Szenario wird dies zum Zusammenbruch der
> Haschemitenmonarchie in Jordanien und zur Gründung
> eines palästinensischen Staates auf der Ostseite des Landes
> führen.

> Kein Regierungsmitglied sagt diese Dinge jemals öffentlich
> (obwohl einige jüdisch-amerikanische Führer dies tun).
> Normalerweise wird der Traum in möglichst sanften
> Worten ausgedrückt: „Ich bin zuversichtlich, dass der
> Rückzug Saddams unsere demokratischen Verbündeten in
> der Region stärken wird", sagte Senator Joe Lieberman
> letzte Woche zu mir.[88]

---

[88] time.com, 5. Februar 2003.

Die Tatsache, dass der Krieg gegen den Irak und die allgemeine Politik, die ihn leitet, auf der Philosophie der rechtsgerichteten Hardliner-Elemente des Likud in Israel und ihrer neokonservativen Verbündeten in Amerika beruht, die in der Bush-Administration das Sagen haben, wird nun zu einem offenen Diskussionsthema.

Gleichzeitig begannen die kriegstreiberischen Neokonservativen, einen Keil zwischen die USA und ihre europäischen Verbündeten zu treiben.

NEOKONSERVATIVE GREIFEN EUROPÄISCHE KRITIKER AN

Die Anführer der pro-israelischen „neokonservativen" Bewegung in den USA begannen (und tun es weiterhin), eine erbitterte und unverblümte Kampagne zur Förderung des „Anti-Europäismus" unter den Amerikanern zu führen.

Allerdings haben wahrscheinlich nur wenige Amerikaner die geopolitischen Kräfte verstanden, die hinter dieser Kampagne stehen.

Dieser „Anti-Europäismus" entstand genau zu dem Zeitpunkt, als die europäischen Regierungen und eine große Zahl europäischer Bürger die Forderung der Achse USA/Israel/Britannien nach einem Krieg gegen den Irak lautstark ablehnten und Fragen zu Israels brutaler Politik gegenüber den Palästinensern aufwarfen. Die Neokonservativen waren darüber entsetzt.

Die antieuropäische Kampagne der Neokonservativen erreichte ein solches Fieber, dass sogar die Ausgabe vom 13. Februar 2003 der *New York Review of Books*, ein führendes „liberales" Organ, das für seine Sympathien für Israel bekannt ist, einen ausführlichen Artikel veröffentlichte, der den Angriff der Neokonservativen auf die europäischen Kritiker Israels beschrieb.

In einem Artikel mit dem Titel „Anti-Europeanism in America"
hat der Autor Timothy Garton Ash eine wachsende Liste von
neokonservativen Schriftstellern zusammengestellt, die ihre
Waffen auf Europa gerichtet haben. An der Spitze der Liste steht
Richard Perle, der behauptet, Europa habe seinen „moralischen
Kompass" verloren.

Für den Fall, dass jemand den Grund für die neue Antipathie der
Neokonservativen gegenüber Europa nicht versteht, erklärt Ashs
Artikel das Wesentliche: „Der Nahe Osten ist sowohl Quelle als
auch Katalysator dessen, was zu einer Abwärtsspirale aus
wachsendem europäischen Antiamerikanismus und
aufkommendem amerikanischen Anti-Europäismus zu werden
droht, wobei der eine den anderen verstärkt".[89]

Mit anderen Worten, ganz einfach: Israel und seine mächtige US-
Lobby sind das Zentrum - in der Tat die Ursache - des Konflikts,
auch wenn Ash es nicht ganz so ausdrückt. Ash schrieb:

> Der Antisemitismus in Europa und sein angeblicher
> Zusammenhang mit der europäischen Kritik an der
> Regierung Sharon waren Gegenstand der säuerlichsten anti-
> europäischen Kommentare konservativer amerikanischer
> Leitartikler und Politiker.

> Einige dieser Kritiker sind nicht nur stark pro-israelisch,
> sondern auch „natürliche Likudisten", erklärte ein liberaler
> jüdischer Kommentator...

> In einem kürzlich erschienenen Artikel schreibt Stanley
> Hoffman, dass sie offenbar an eine „Interessenidentität

---

[89] New York Review of Books, *13. Februar 2003*

zwischen dem jüdischen Staat und den Vereinigten Staaten" glauben.[90]

Fast wie selbstverständlich stimmte einer der Mitarbeiter von Richard Perle und William Kristol in der neuen „anti-europäischen" Kampagne, Robert Kagan, stimmlich in den harten Chor ein, um bei den Lesern der *Washington Post,* der einflussreichen Tageszeitung, die in der Hauptstadt des Landes erscheint, für den Anti-Europäismus zu werben. Kagans Meinungskolumne vom 31. Januar 2003 war ein regelrechtes Handbuch für den neokonservativen Kreuzzug „Hass auf Europa". Kagan schrieb

In London... findet man die größten britischen Geister, die in gehobener Sprache und mit dem melodischen Oxford-Akzent Verschwörungstheorien... über den Missbrauch der US-Außenpolitik durch die „Neokonservativen" (lies: Juden) verbreiten. In Paris spricht man nur von Öl und „Imperialismus" (und von Juden). In Madrid spricht man über Öl, Imperialismus und die frühere amerikanische Unterstützung für Franco (und Juden).

Auf einer Konferenz, an der ich kürzlich in Barcelona teilnahm, fragte ein geschätzter spanischer Intellektueller, warum die USA, wenn sie bösartige Diktaturen stürzen wollen, die Massenvernichtungswaffen herstellen, nicht auch in Israel einmarschieren.

Ja, ich weiß, es gibt auch Amerikaner, die sich diese Art von Fragen stellen.... Aber hier ist, was die Amerikaner verstehen müssen: In Europa ist dieser paranoide und verschwörungstheoretische Antiamerikanismus kein

---

[90] *Ibid.*

Phänomen der extremen Linken oder Rechten. Er ist der Mainstream.[91]

So verbündeten sich die traditionellen europäischen Verbündeten Amerikas gegen die USA und die politischen Diktatoren der Neokonservativen, die die Speerspitze eines neuen Imperialismus waren. Dies ist eine Formel, die nach Ansicht vieler amerikanischer Kritiker der Neokonservativen letztlich katastrophal wäre, nicht nur für Amerika, sondern für die ganze Welt.

DAS BÜNDNIS ZWISCHEN BUSH UND SHARON

Obwohl also die traditionelle US-Politik - zum Entsetzen vieler artikulierter Kritiker der neokonservativen Philosophie - aus der Tür geworfen wurde, gibt es noch einen weiteren Faktor bezüglich der Grundlage des neokonservativen Standpunkts, der berücksichtigt werden muss: die daraus resultierenden Auswirkungen auf den spezifischen Aspekt der „besonderen Beziehung" der USA zu Israel.

Obwohl die US-Regierungen, ob Demokraten oder Republikaner, immer sehr israelfreundlich waren, was kein Geheimnis ist, ist es eine Tatsache, dass der Aufstieg der Neokonservativen in der Bush-Regierung zu einer virtuellen Verschmelzung der US-Außenpolitik mit den Ansichten der „rechten" Hardliner des Likud von Ariel Sharon und Israel geführt hat.

In einem Artikel, der am 9. Februar 2003 in der *Washington Post* erschien, legte Robert G. Kaiser die Parameter für das unverbrüchliche Bündnis der Bush-Regierung mit dem „rechten Flügel" Israels fest. Kaisers Artikel mit dem Titel „Bush and Sharon Nearly Identical on Mideast Policy" (Bush und Sharon

---

[91] *Washington Post*, 13. Januar 2003.

fast identisch in der Nahostpolitik) behauptete unmissverständlich die Macht der „Neokonservativen" bei der Ausrichtung des Ansatzes der Regierung gegenüber Israel und der arabischen Welt. In dem Artikel hieß es zum Teil

> Zum ersten Mal verfolgen eine US-Regierung und eine Likud-Regierung in Israel eine fast identische Politik. Frühere US-Regierungen, von Jimmy Carter bis Bill Clinton, hielten den Likud und Scharon auf Distanz und entfernten die USA von der traditionell harten Haltung des Likud gegenüber den Palästinensern. Aber heute... Israel und die USA haben eine gemeinsame Sicht auf den Terrorismus, den Frieden mit den Palästinensern, den Krieg gegen den Irak etc.

> Die Ausrichtung der Bush-Regierung auf Sharon erfreut viele ihrer stärksten Anhänger, insbesondere die evangelikalen Christen, sowie einen Großteil des organisierten amerikanischen Judentums, so die Führer beider Gruppen, die behaupten, dass der palästinensische Terrorismus Bush zu seiner neuen Haltung veranlasst habe.

> „Die Likudniks sind jetzt wirklich am Ruder", sagte ein hochrangiger Regierungsbeamter und verwendete einen jiddischen Begriff für die Anhänger von Scharons politischer Partei.

> Einige Nahost-Experten, die mit diesen Israel-Anhängern nicht einverstanden sind, bezeichnen sie als „Kabale", wie es ein ehemaliger Regierungsbeamter formulierte. Die Mitglieder der Gruppe machen keinen Hehl aus ihren Freundschaften und Beziehungen oder ihrer Treue zu starken Positionen zugunsten Israels und des Likud.

> Richard Perle, Vorsitzender des Defense Policy Board des Pentagon, leitete eine Studiengruppe, die Binyamin Netanyahu, dem israelischen Premierminister der Likud-Partei von 1996 bis 1999, vorschlug, das 1993 ausgehandelte Friedensabkommen von Oslo aufzugeben

und dessen Grundlage, nämlich die Idee, „Land gegen Frieden" einzutauschen, zu verwerfen. Der Bericht von 1996 schlug Israel vor, darauf zu bestehen, dass die Araber seinen Anspruch auf das biblische Land Israel anerkennen, und „sich darauf zu konzentrieren, Saddam Hussein von der Macht im Irak zu entfernen".

Neben Perle gehörten der Studiengruppe auch David Wurmser, heute Sonderassistent von Unterstaatssekretär John R. Bolton, und Douglas J. Feith, heute Unterstaatssekretär im Verteidigungsministerium für Politik, an. Feith schrieb jahrelang zahlreiche Artikel über israelisch-arabische Fragen und vertrat die Ansicht, dass Israel einen ebenso legitimen Anspruch auf die nach dem Sechstagekrieg beschlagnahmten Gebiete im Westjordanland hat wie auf das Land, das Teil des 1948 unter der Schirmherrschaft der Vereinten Nationen gegründeten Staates Israel war.

Eine interne Debatte hat die Regierung gespalten und die Lobbyarbeit von Denkfabriken, jüdischen Organisationen, evangelikalen Christen und anderen Personen, die sich intensiv mit dem Nahen Osten beschäftigen, angeregt...

In den letzten zwölf Jahren sind Anhänger von Scharons Likud in die Führungspositionen der meisten amerikanisch-jüdischen Organisationen aufgestiegen, die Israel finanziell und politisch unterstützen.[92]

Kurz darauf machte sich in der *Washington Times* - *der* neokonservativen „Rivalen"-Tageszeitung der „liberaleren" *Washington Post* - der bekannte Journalist Arnaud de Borchgrave Kaiser zu eigen und führte das Thema der neuen Allianz zwischen dem Bush- und dem Sharon-Regime weiter aus. In einem Artikel

---

[92] *The Washington Post*, 9. Februar 2003.

mit dem Titel „Eine Bush-Sharon-Doktrin" schreibt de Borchgrave auszugsweise

Die strategischen Ziele der USA und Israels im Nahen Osten sind allmählich zu einer nunmehr kohärenten Bush-Sharon-Doktrin verschmolzen. Diese geht jedoch in der ohrenbetäubenden Kakophonie der talking heads unter, die im bevorstehenden Krieg um den Regimewechsel in Bagdad die Salongeneräle spielen.

Sharon lieferte die geopolitische Munition, indem er Bush davon überzeugte, dass der Krieg gegen den palästinensischen Terrorismus identisch mit dem weltweiten Krieg gegen den Terrorismus sei. Es folgte eine Kampagne, mit der die amerikanische Öffentlichkeit davon überzeugt werden sollte, dass Saddam Hussein und Osama Bin Laden Verbündete in ihrem Krieg gegen Amerika seien. Ein angebliches Geheimtreffen in Prag im April 2001 zwischen Mohamed Atta - dem Hauptattentäter vom 11. September - und einem irakischen Geheimdienstmitarbeiter machte den Anfang. Seitdem sind die Geschichten über die Verbindung zwischen Saddam und Al-Qaida zu einer handwerklichen Industrie geworden.

Bin Laden hofft eindeutig, die US-Invasion in ein muslimisches Land dazu zu nutzen, Tausende weitere Menschen für seine Sache zu rekrutieren. Doch die Verbindung zwischen Saddam und Bin Laden war nur der erste Schritt in der Bush-Sharon-Doktrin. Das strategische Ziel ist die Antithese zur Stabilität im Nahen Osten.

Die Destabilisierung der „despotischen Regime" folgt danach. Im arabischen Kegelspiel soll eine auf Saddam zielende Kugel einen Zehnerstoß erzielen, der die autoritären und/oder despotischen Regime im Iran, in Syrien, Saudi-Arabien und den anderen Emiraten und Scheichs am Golf destabilisieren würde.

Die Globale Strategie geht auf ein Dokument zurück, das 1996 vom Institute of Advanced Strategic and Political Studies, einem israelischen Think Tank, veröffentlicht wurde. Das Dokument trug den Titel „A Clean Break: A New Strategy for Securing the Realm" und war als politischer Plan für die neue Regierung von Benjamin Netanjahu, einem Super-Sperber im politischen Vogelhaus Israels, gedacht.

Israel sollte, so das Dokument von 1996, „sein strategisches Umfeld gestalten", beginnend mit der Absetzung Saddam Husseins und der Wiederherstellung der Haschemitischen Monarchie in Bagdad. Die irakische Monarchie war 1958 durch einen Militärputsch gestürzt worden, als der junge König Faisal, ein Cousin des verstorbenen Königs Hussein von Jordanien, ermordet wurde.

Der strategische Fahrplan - der bisher von Netanjahu und seinem Nachfolger Sharon treu befolgt wurde - forderte die Aufgabe der Osloer Verträge, „nach denen Israel keine Verpflichtungen hat, wenn die PLO ihren Verpflichtungen nicht nachkommt". Jassir Arafat beging einen Fauxpas, als er Israel verpflichtete.

„Unser Anspruch auf das Land [im Westjordanland] - an dem wir seit 2.000 Jahren festhalten - ist legitim und edel", so die Zeitung weiter. „Nur wenn die Araber unsere Rechte, insbesondere in ihrer territorialen Dimension, bedingungslos akzeptieren, ist dies eine solide Grundlage für die Zukunft.[93]

Bemerkenswert ist, dass die von de Borchgrave erwähnte (und auch von Kaiser zitierte) „strategische Roadmap" Israels nicht nur das Produkt einer israelischen Institution war. Die Autoren

---

[93] *Washington Times*, 14. Februar 2003.

waren, wie Kaiser betont, Amerikaner, nämlich Richard Perle, Douglas Feith, John R. Bolton und David Wurmser, allesamt wichtige „neokonservative" politische Entscheidungsträger in der Bush-Regierung.

MEINUNG IN ISRAEL...

All dies mag für die Leser *der Washington Post* und der *Washington Times - die* sich normalerweise nur darin unterscheiden, wie sehr sie sich den politischen Forderungen der Israel-Lobby in Washington unterwerfen - eine „Enthüllung" gewesen sein, das Volk von Israel hat es jedoch nicht überrascht.

Zwei (von vielen) Berichten israelischer Pressevertreter über Kommentare israelischer Politiker zeigen, dass die Motive der „neokonservativen" Politiker tatsächlich Teil eines großen Plans waren, der sehr eng mit dem fanatischen Likud-Block in Israel abgestimmt war:

> ... In den [besetzten] Gebieten, in der arabischen Welt und in Israel wird Bushs Unterstützung für Sharon der pro-israelischen Lobby zugeschrieben, d.h. dem jüdischen Geld und der „christlichen" Rechten.
>
> -Israelischer Schriftsteller Akiva Eldar, *Ha'aretz*, 26. April 2002

> „Sharon hat Schwierigkeiten, die Ergebnisse seiner 20-monatigen Amtszeit zu zeigen... ein US-Angriff auf den Irak gilt als der Hebel, der Israel aus seinem wirtschaftlichen, sicherheitspolitischen und sozialen Sumpf herausziehen kann......"
>
> -Israelischer Korrespondent Aluf Benn, *Ha'aretz*, 18. November 2002

Trotzdem *war* die einzige unabhängige amerikanische Zeitung, die es immer gewagt hat, die „Neokonservativen" und die israelische Israel-Lobby zu kritisieren und sich für ihre

Aktivitäten zu interessieren - *American Free Press* - vielleicht weniger umsichtig als die „großen Namen" der Elitepublikationen wie *Washington Post* und *Washington Times,* als sie das neue Bündnis der Bush-Regierung mit dem Sharon-Regime zusammenfasste.

BUSHS POLITIK - „GROSS-ISRAEL"

Lange bevor die großen Washingtoner Tageszeitungen die Bush-Sharon-Allianz verkündeten, behauptete die *American Free Press* unmissverständlich, Bushs Politik sei Teil eines Plans, den zionistischen Traum von einem „Groß-Israel" zu verwirklichen.

Laut dem Bericht der *American Free Press:* Gemeinsam mit der fanatischen Kraft des militanten imperialen Zionismus plant Big Oil eine Rundum-Offensive, um die Kontrolle über die Ölreichtümer des gesamten Nahen Ostens zu erlangen. Die internationalen angloamerikanischen Ölkonzerne träumen davon, ihre Partner in den ölreichen arabischen Dynastien, die die Ölfelder kontrollieren, loszuwerden. Die Ölbarone wollen das Öl für sich allein. Gleichzeitig träumen zionistische Fanatiker - Christen und Juden - davon, die arabischen Staaten zu zerschlagen und die Grenzen Israels auf ein „Groß-Israel" auszudehnen, das sich „vom Nil bis zum Euphrat" erstreckt.

Mit einer solchen Interessenkonvergenz, die auf einer tödlichen Mischung aus Ideologie, Profit und geopolitischer Macht beruht, haben der Zionismus und die großen Ölkonzerne eine gemeinsame Basis gefunden. Als solche streben sie nun danach, im Nahen Osten eine Hegemonie über die Ölreichtümer der arabischen Welt zu errichten. Der Feldzug gegen den Irak war nur der Auftakt.

Die Tatsache, dass die anderen arabischen Staaten im Nahen Osten entschieden ihre Ablehnung des geplanten US-Angriffs auf den Irak erklärt haben, hat diese Staaten zu weiteren Feinden gemacht, die es zu vernichten gilt. Das jahrhundertealte zionistische Streben nach einem „Groß-Israel" ist nur noch ein

Deckmantel, der es den Ölkonglomeraten ermöglicht, ein für alle Mal die absolute Kontrolle über das arabische Öl zu erlangen. Der erste Schritt war die Beseitigung von Saddam Hussein.

Der Irak ist nur der erste Dominostein, der zum Umfallen bestimmt ist. Die anderen arabischen Staaten sind die nächsten. Die Beseitigung der amtierenden arabischen Regime wird die Forderungen der israelischen Hardliner befriedigen, aber auch den Weg für die Kontrolle des Öls im Nahen Osten durch die Ölkonglomerate ebnen.

Es ist kein Zufall, dass die Regierung von George W. Bush die treibende Kraft bei der Erreichung dieses Ziels sein sollte. Bush, der aus einer Familie stammt, die lange Zeit in die Intrigen der anglo-amerikanischen Öl-Elite verstrickt war, war wie sein Vater sowohl Verbündeter Israels als auch, wenn es die Umstände erforderten, Gegner des zionistischen Staates.

Die American Free Press wies darauf hin, dass die in Israel ansässigen Schriftsteller Dan Raviv und Yossi Melman in ihrem Buch *Friends In Deed: Inside the U.S.-Israel Alliance* offen über die Feindseligkeit Israels gegenüber Bush senior während dessen einziger Amtszeit sprechen - ein Punkt, der nur wenigen Amerikanern bewusst ist, selbst unter den glühendsten republikanischen Bewunderern der Bush-Familie.

Die Israelis haben also wenig Vertrauen in die Familie Bush. Dennoch ist es ein Bush, der im Weißen Haus sitzt und das amerikanische Militärarsenal kontrolliert. Israel erkennt an, dass die militärische Stärke der USA das einzige ist, was Israels Überleben in einer zunehmend feindlichen Welt seine Ziele sichern kann. Daher halten Bush und seine Big-Oil-Verbündeten ein Bündnis mit Israel für eine Notwendigkeit.

Der zionistische Einfluss auf die amerikanischen Angelegenheiten - insbesondere im Bereich der Medienkontrolle - hat einen Zenit erreicht. Darüber hinaus ist die pro-israelische „christliche Rechte" - dominiert von Persönlichkeiten wie Jerry Falwell, Pat Robertson, Tim LaHaye etc. - ist in den Reihen der republikanischen Partei äußerst einflussreich, was die Basis von Bushs GOP fest auf die Seite Israels stellt. Gleichzeitig ist die Position Israels ironischerweise so unsicher wie nie zuvor.

Dennoch, und zum Glück für Israel, schlossen die Ereignisse des 11. September den Kreis der ungleichen Allianz zwischen dem politischen Zionismus und den plutokratischen Kräften des Big Oil. Der ehemalige CIA-Analyst George Friedman, ein Unterstützer Israels, äußerte sich am 11. September auf seiner vielzitierten Website www.strat-for.com nur wenige Stunden nach den tragischen Anschlägen: „Der große Gewinner heute, ob er es wollte oder nicht, ist der Staat Israel.

Junior Bush führte die US-Streitkräfte ins Herz der arabischen Welt, um ein geopolitisches Konsortium zu errichten, in dem die US-Militärmacht eingesetzt werden kann, um die Araber zu „zähmen" und die Kontrolle über ihr Öl zu erlangen. Dabei profitiert Bush von der gesamten Propagandamacht der zionistisch dominierten Medien.

Open Secrets, geschrieben von dem verstorbenen israelischen Wissenschaftler und Kritiker des Zionismus, Israel Shahak, stellt Israels Außenpolitik offen als Bedrohung für den Weltfrieden dar. Shahak argumentiert, es sei ein Mythos zu glauben, dass es einen wirklichen Unterschied zwischen der angeblich „konfliktreichen" Politik der „entgegengesetzten" israelischen Blöcke Likud und Arbeitspartei gebe, die beide für eine Expansion eintreten, die auf die Konsolidierung von „Eretz Israel" abzielt - einem imperialen Staat, der fast den gesamten Nahen Osten kontrolliert. Israel, so argumentiert er, ist ein militaristischer Staat: Seine Politik wird von fundamentalistischen religiösen Fanatikern diktiert, die heute die militärische Elite und die israelischen Geheimdienste dominieren.

Wenn die US-Streitkräfte Saddam zerstören und den Irak besetzen, prognostiziert die *American Free Press*, wird Israel aufgrund des israelischen Einflusses in Washington und auf die Medien ein Schlüsselpartner des Konsortiums sein. Die Besetzung des Irak - oder sogar die Errichtung eines

Marionettenregimes - würde eine effektive Erweiterung der Grenzen Israels darstellen und damit einen beträchtlichen Teil des Traums von *„Groß-Israel"* verwirklichen. Aber zu welchem Preis für das amerikanische Volk

DIE „SCHÖPFERISCHE ZERSTÖRUNG" DER ARABISCHEN WELT

Für den Fall, dass jemand diese Kommentare auf „arabische Paranoia" oder „antiisraelisches Sektierertum" zurückführt, sei darauf hingewiesen, dass einer der prominentesten Verteidiger Israels in Washington - der langjährige proisraelische Geheimdienstbürokrat Michael Ledeen, ein enger Freund und Geschäftspartner von Richard Perle - einen Propaganda-Brenner mit dem Titel *„Krieg gegen die Meister des Terrors"* veröffentlicht hat, in dem er von dem spricht, was er „schöpferische Zerstörung" nennt.

Ledeen behauptet, diese „kreative Zerstörung" sei „ganz im Sinne des amerikanischen Charakters und der amerikanischen Tradition" - eine Behauptung, die viele Amerikaner überraschen wird. Ledeen behauptet, dass der Irak, Syrien, Saudi-Arabien und, um das Maß voll zu machen, die Islamische Republik Iran, die kein arabisches Land ist, alle Ziele der „schöpferischen Zerstörung" durch die militärische Macht der USA sein sollten.

„Schöpferische Zerstörung", schreibt Ledeen, sei „unser zweiter Vorname", wobei sich das Wort „unser" auf die Amerikaner bezieht, unabhängig davon, ob sie seine imperialistischen Ansichten teilen oder nicht. Laut Ledeen

> Wir reißen die alte Ordnung jeden Tag ein, vom Geschäft bis zur Wissenschaft, von der Literatur, Kunst, Architektur und dem Film bis zur Politik und dem Recht.

> Unsere Feinde haben diesen Wirbelwind aus Energie und Kreativität immer gehasst, weil er ihre Traditionen (welcher Art auch immer) bedroht und sie für ihre Unfähigkeit,

mitzuhalten, beschämt. Da sie sehen, wie Amerika die traditionellen Gesellschaften besiegt, fürchten sie uns, denn sie wollen nicht besiegt werden.

Sie können sich nicht sicher fühlen, solange wir da sind, denn unsere bloße Existenz - unsere Existenz, nicht unsere Politik - bedroht ihre Legitimität. Sie müssen uns angreifen, um zu überleben, genauso wie wir sie vernichten müssen, um unsere historische Mission voranzutreiben.[94]

Obwohl seine Rhetorik gestelzt und schwerfällig ist, vertritt Ledeen die Auffassung, dass es nicht die Unterstützung der USA für Israel ist, die den Hass der Araber auf die USA hervorruft. Stattdessen behauptet er, dass es die Existenz der USA - der „American way of life" - ist, die die arabischen Leidenschaften entfacht (Wie viele Lügen! Wie viel Unsinn!).

Dennoch sind diese Worte die Propagandalinie der Israel-Lobby, die hofft, die Aufmerksamkeit des amerikanischen Volkes von den Ursachen der arabischen Feindseligkeit gegenüber den Vereinigten Staaten abzulenken, die sich aus der unerschütterlichen Unterstützung Israels durch die Vereinigten Staaten ergibt. Ledeen fährt fort, indem er vorschlägt, dass jeder, der sich gegen einen totalen Krieg gegen die arabische Welt ausspricht, aus verantwortlichen Positionen entfernt werden sollte. Er schreibt

Der Präsident muss sich der Beamten entledigen, die ihre Behörden nicht effektiv führen konnten, sowie derjenigen, denen der politische Wille fehlt, den Krieg gegen die Meister des Terrorismus zu führen.

---

[94] Michael Ledeen. *Der Krieg gegen die Meister des Terrors.* (New York: Truman Talley Books/St. Martin's Press, 2002), S. 212-213.

Die Spitzen der Geheimdienstgemeinschaft müssen ersetzt werden, und auch die Militärführer, die dem Präsidenten sagen, dass es nicht möglich ist, dass sie nicht bereit sind oder dass erst etwas anderes getan werden muss, müssen ersetzt werden, ebenso wie die nationalen Sicherheitsbeamten, die darauf bestanden haben, dass wir die israelisch-arabische Frage lösen müssen, bevor wir den Krieg wieder aufnehmen, und die Spitzen von Behörden wie der FAA, dem INS etc.[95]

Tatsächlich hatte Präsident George W. Bush, abgesehen von allen anderen politischen Erwägungen, gute persönliche Gründe, den Befehlen der Hardliner-Falken zu gehorchen, indem er ihre imperialen Pläne im Namen Israels förderte.

In der Februarausgabe 1992 des *Washington Report on Middle East Affairs* enthüllte der ehemalige Abgeordnete Paul Findley (R-Ill.), dass der ehemalige israelische Geheimdienstoffizier Victor Ostrovsky 1991 eine Verschwörung einer rechten Fraktion des israelischen Mossad aufgedeckt hatte, die darauf abzielte, den damaligen Präsidenten George H. W. Bush zu töten, der als eine Bedrohung für Israel wahrgenommen wurde.

Nachdem Ostrovsky die Details einem anderen ehemaligen Kongressabgeordneten, Pete McCloskey (R-Calif.), mitgeteilt hatte, leitete dieser eine Warnung an den US-Geheimdienst weiter. In seinem Buch *The Other Side of* Deception aus dem Jahr 1994 enthüllte Ostrovsky die Einzelheiten dessen, was er über das Komplott erfahren hatte: Der Mossad plante, Bush auf einer internationalen Konferenz in Madrid zu ermorden.

---

[95] *Ibid*, S.236.

Der Mossad hatte drei palästinensische „Extremisten" gefangen genommen und die spanische Polizei darüber informiert, dass die Terroristen auf dem Weg nach Madrid waren.

Der Plan bestand darin, Bush zu töten, die „Attentäter" inmitten der Verwirrung freizulassen und die Palästinenser an Ort und Stelle zu töten. Das Verbrechen würde den Palästinensern angelastet werden - eine weitere „falsche Flagge" des Mossad.

So fördert und nährt die Regierung von George W. Bush heute den alten Traum von Groß-Israel. Um dieses Ziel zu erreichen, haben die neokonservativen zionistischen Elemente, die in der Bush-Regierung die Macht übernommen haben, jedoch schon viele Jahre zuvor begonnen, den Boden zu bereiten. Einer der ersten Schritte in diesem Projekt war die Aufstellung einer Theorie, die als „rollback rogue states" (Rückzug der Schurkenstaaten) bekannt ist.

DAS „ZURÜCKDRÄNGEN VON SCHURKENSTAATEN" IST TEIL DES PLANS

Eine gründliche Untersuchung der kriegstreiberischen Politik der Neokonservativen wäre nicht vollständig ohne eine Prüfung der Politik des „Rückzugs der Schurkenstaaten" - ein Plan, der von den höchsten Ebenen der zionistischen Lobby in Amerika ausging -, die nun den ersten Schritt zu ihrer Verwirklichung gesehen hat.

Der Ausdruck „Schurkenstaaten" ist ein Brandbegriff, der von Israel und seiner Lobby in Amerika - sowie von den Anhängern der imperialistischen Propaganda - verwendet wird, um weitgehend islamische Länder wie Iran, Irak, Libyen, Syrien, Sudan, Afghanistan und andere Länder zu beschreiben, die als Bedrohung für Israel wahrgenommen werden. Angesichts der aktuellen Behauptungen, dass das gemäßigte, ölreiche Regime in Saudi-Arabien „den Terrorismus unterstützt", kann man jedoch nur zu dem Schluss kommen, dass die neokonservativen

Kriegstreiber das saudische Königreich ebenfalls als „Schurkenstaat" betrachten.

Der Krieg gegen die „Schurkenstaaten" ist Teil der Errichtung einer „neuen Weltordnung", in der keine Nation ihre nationale Souveränität gegenüber der militärischen Macht der USA bewahren kann, die von einer Kombination „israelzentrierten" Einflusses auf den höchsten Ebenen der US-Regierung gehalten und von den Mainstream-Medien unterstützt wird.

Senator John McCain ist einer der wichtigsten Befürworter der „Rückabwicklung der Schurkenstaaten". Bei seiner Kandidatur für die republikanische Nominierung für die Präsidentschaftswahlen 2000 erklärte er, dass er als Präsident alle Anstrengungen unternehmen werde, um die „Schurkenstaaten" zu zerstören.

Was McCain nicht sagte, war, dass „seine" Politik tatsächlich Teil eines langfristigen Plans war, der von den oberen Rängen der internationalen politischen Elite und insbesondere von den Hardcore-Anhängern Israels ausgearbeitet wurde.

Dieser Plan für den „Rückzug der Schurkenstaaten" - der sich damals speziell auf den Irak und den Iran bezog - wurde erstmals am 22. Mai 1993 in einer damals geheimen Rede des ehemaligen Propagandisten der israelischen Regierung, Martin Indyk, vor dem Washingtoner Institut für Nahost-Angelegenheiten, einer privaten pro-israelischen Lobbygruppe, dargelegt. Damals war die kleine amerikanische Freischärlerzeitung *The Spotlight* die einzige Publikation, die diesen Aggressionsplan aufdeckte.

Was Indyks strategischen Kriegsplan so brisant machte, war die Tatsache, dass er zu dem Zeitpunkt, als Indyk diese Politik definierte, der von Präsident Clinton ausgewählte „Experte" für Nahostpolitik im Nationalen Sicherheitsrat war.

Der in England geborene und in Australien aufgewachsene Indyk ließ sich auf in Israel nieder, erhielt dann aber durch eine Sonderproklamation von Präsident Clinton nur wenige Stunden nach dessen Vereidigung am 20. Januar 1993 die „sofortige" amerikanische Staatsbürgerschaft - eine der ersten Amtshandlungen Clintons (später wurde der ehemalige israelische Propagandist trotz seines offensichtlichen Interessenkonflikts zum Botschafter der Vereinigten Staaten in Israel ernannt). Innerhalb eines Jahres wurden die Grundzüge von Indyks Kriegsplan gegen den Irak und den Iran offiziell vom mächtigen Council on Foreign Relations mit Sitz in New York gefördert. Er wurde zur gleichen Zeit auch öffentlich als offizielle Politik der Clinton-Regierung angekündigt (obwohl er schon seit über einem Jahr in Vorbereitung war).

Ein Bericht der Associated Press, der in der Ausgabe der *Washington Post* vom 28. Februar 1994 veröffentlicht wurde, gab bekannt, dass W. Anthony Lake, der nationale Sicherheitsberater von Präsident Clinton, einen Plan für eine „doppelte Eindämmung" des Irak und des Iran ausgearbeitet hatte, die beide von Lake als „gesetzlose" und „zurückgezogene" Staaten bezeichnet wurden.

Lakes Kommentare stammen aus einem Artikel in der März/April-Ausgabe 1994 von *Foreign Affairs*, der vierteljährlich erscheinenden Zeitschrift des von Rockefeller finanzierten Council on Foreign Relations (CFR), einer amerikanischen Tochtergesellschaft des in London ansässigen Royal Institute for International Affairs, einer politischen Gruppe, die von der europäischen Familie Rothschild, langjährigen Unterstützern Israels, finanziert wird.

Am 30. Oktober 1993 beschrieb die *Washington Post* den CFR offen als „das, was einem herrschenden Establishment in den Vereinigten Staaten am nächsten kommt" und behauptete, es handele sich um „die Leute, die über ein halbes Jahrhundert lang unsere internationalen Angelegenheiten und unseren militärisch-industriellen Komplex geleitet haben". [96] stellte fest, dass 24 wichtige Mitglieder der Clinton-Regierung - und auch Clinton selbst - Mitglieder des CFR waren.

Es gab einen kleinen Unterschied in der von Lake definierten Politik: Die Zerstörung des Irak war das erste Ziel. Der Iran würde später kommen.

Herr Lake sagte, dass die Clinton-Regierung irakische Exilanten unterstützt habe, die den irakischen Machthaber Saddam Hussein stürzen wollten. Obwohl der Iran das ist, was er „den Hauptsponsor von Terrorismus und Mord in der Welt" nennt, sagte Lake, dass die Clinton-Regierung die Möglichkeit in Betracht ziehe, ihre Beziehungen zum Iran zu verbessern.

GINGRICH UND ISRAEL

Anfang 1995 hielt Newt Gingrich, der damals neu gewählte republikanische Sprecher des Repräsentantenhauses und lange Zeit glühender Verfechter Israels, in Washington vor einer Versammlung von Armee- und Geheimdienstoffizieren eine wenig beachtete Rede, in der er eine Nahostpolitik forderte, die nach seinen Worten „darauf angelegt war, die Ablösung des gegenwärtigen Regimes im Iran zu erzwingen... die einzige langfristige Lösung, die Sinn macht".

Dass der De-facto-Führer der „oppositionellen" Republikanischen Partei dieser Politik zustimmte, ist nicht wirklich überraschend, da Gingrichs Frau damals von der Israel Export Development Company, einer Organisation, die amerikanische Unternehmen außerhalb der USA in einen High-Tech-Business-Park in Israel lockte, mit 2500 Dollar pro Monat entlohnt wurde.

---

[96] *The Washington Post*, 30. Oktober 1993.

Frau Gingrich wurde ihren Arbeitgebern auf einer Israel-Tour vorgestellt, die vom American-Israel Public Affairs Committee (AIPAC), einer registrierten Israel-Lobby, gesponsert wurde.

Ein ehemaliger AIPAC-Beamter, Arne Christensen, war einer von Gingrichs wichtigsten politischen Beratern. Vor seiner Arbeit für die Israel-Lobby hatte Christensen zum Team des ehemaligen Abgeordneten Vin Weber (R-Minn.) gehört, einem engen Vertrauten Gingrichs - und noch einem weiteren Mitglied des Council on Foreign Relations -, der, wie wir bereits gesehen haben, auch einer der Hauptverantwortlichen für William Kristols „Think Tank" ist, der unter dem Namen Empower America bekannt ist.

Weber wurde später zu einem der wichtigsten Berater von Senator John McCain während dessen Präsidentschaftswahlkampf. Und McCain ist wiederum ebenfalls Mitglied des CFR.

Das erklärt vielleicht, wie sich der Kreis geschlossen hat und wie McCain die Idee vertrat, dass die USA provokative Maßnahmen gegen „Schurkenstaaten" ergreifen sollten. Aber die Verbindung zu Israel ist das, was am meisten zählt...

JOHN McCAIN - NEO-Sprecherin

Die Washington Post enthüllte am 25. Februar 2000, dass McCain zu seinen engsten Beratern drei bekannte pro-israelische Kommentatoren zählte, die Sprecher der zweifellos „jüdischen Rechten" sind - Figuren aus dem sogenannten „neokonservativen" Netzwerk: William Safire, Kolumnist *der New York Times*, Charles Krauthammer und der allgegenwärtige William Kristol, dessen Arbeitgeber, der fanatisch pro-israelische Medienbaron Rupert Murdoch, ein Satellit der Rothschild-Familie, McCains Präsidentschaftskandidatur über seine Tageszeitung, die *New York Post*, unterstützt hat.

McCain selbst hat seine Treue zu Israel über die amerikanischen Interessen hinaus erklärt. In einer Rede, die McCain am 14. März 1999 in New York vor dem Nationalen Rat der israelischen Jugend hielt, sagte er:

> Wir entscheiden uns als Nation dafür, im Ausland militärisch zu intervenieren, um die moralischen Werte zu verteidigen, die im Zentrum unseres Nationalbewusstseins stehen, selbst wenn nicht unbedingt vitale nationale Interessen auf dem Spiel stehen. Ich spreche diesen Punkt an, weil er den Kern des Ansatzes dieser Nation in Bezug auf Israel bildet. Das Überleben Israels ist eine der wichtigsten moralischen Verpflichtungen unseres Landes.

Kurz gesagt: McCain wäre bereit, die USA in einen Krieg zur Verteidigung Israels zu verwickeln, auch wenn die „vitalen Interessen" der USA nicht unbedingt auf dem Spiel stehen. Seine Unterstützung für Angriffe auf islamische „Schurkenstaaten" ist ein integraler Bestandteil dieser Politik, bei der Amerika kaum im Vordergrund steht.

McCain erklärte, er werde von den „Wilsonschen Prinzipien" „geleitet", d. h. der internationalistischen Philosophie, nach der die militärische Macht der Vereinigten Staaten eingesetzt werden muss, um globale Normen durchzusetzen, wie sie von den Vereinigten Staaten selbst diktiert werden.

Tatsächlich zeigt die Akte, dass McCain seit langem zu einer Elitegruppe gehört, die amerikanische Militäraktionen zur Verteidigung Israels fördert. Laut der Ausgabe des in London ansässigen *Jewish Chronicle* vom 2. August 1996 war McCain Mitglied einer wenig bekannten Organisation, die sich Commission on America's National Interest nannte und einen Bericht veröffentlichte, in dem Israel als „erstklassiges" Interesse der USA bezeichnet wurde, das „Schätze und Blut" verdiene - eine Schlussfolgerung, die viele Amerikaner vielleicht in Frage stellen würden.

Der Bericht stellt das Überleben Israels „auf die gleiche Stufe wie die Verhinderung nuklearer und biologischer Angriffe auf die Vereinigten Staaten als vitales Interesse der Vereinigten Staaten".

Der *Chronicle* fasste den Bericht unter Berufung auf die Gruppe zusammen und titelte: Amerikaner „sollten in den Krieg ziehen, um Israel zu verteidigen".

Vergleichen Sie diese Ansicht mit den Ergebnissen einer Umfrage des Pew Research Center for the People and the Press vom September 1998 (berichtet in der *Washington Post* vom 28. Dezember 1998), die damals ergab, dass nur 45 Prozent der amerikanischen Öffentlichkeit eine amerikanische Intervention unterstützen würden, wenn arabische Kräfte in Israel einmarschieren würden, während 74 Prozent der sogenannten „Meinungselite" den Einsatz amerikanischer Bodentruppen in einem solchen Konflikt befürworten würden. *Doch die Meinung des amerikanischen Volkes zählt offenbar nicht.*

Der Krieg gegen „Schurkenstaaten" und die Vorbereitungen für eine mögliche Militäraktion der USA zur Verteidigung Israels waren Gegenstand ständigen Drucks in den höchsten Kreisen. Dies ist eindeutig eine Priorität für die Elite.

DIE NEOKONSERVATIVEN ERWEITERN IHRE ZIELE

Am 29. November 1998 veröffentlichte der ehemalige Außenminister Henry Kissinger, eine Schlüsselfigur des CFR und langjähriger Verfechter der zionistischen Sache, in der *Washington Post* einen prominenten Artikel mit dem Titel „Bring Saddam Down" (Bringt Saddam zu Fall). In jüngerer Zeit haben die Verteidiger Israels jedoch begonnen, ihre Ziele zu erweitern.

In der Ausgabe der *Washington Post* vom 2. März 2000 schrieb der Kolumnist Jim Hoagland, es bedürfe „einer umfassenden politischen und militärischen Strategie für den Persischen Golf... die auf der aktiven Unterstützung der Vereinigten Staaten für die repräsentative Demokratie nicht nur im Irak und im Iran, sondern auch in den konservativen arabischen Monarchien der Region beruht. Die beiden Schurkenstaaten können nicht als die einzigen Kandidaten für einen Wandel isoliert werden....".

Mit anderen Worten: Selbst arabische Staaten wie Saudi-Arabien und vielleicht die Vereinigten Arabischen Emirate, Kuwait und andere könnten den Zorn der „neokonservativen" imperialistischen Elite zu spüren bekommen, die die Macht des US-Militärs für ihre Zwecke einsetzt.

Hoagland fügte hinzu, dass „die US-Politik gegenüber dem Irak ein Thema ist, das sich für eine Wahlkampfdebatte eignet [und]... der Kandidat, der überzeugend eine integrierte politische und militärische Strategie zur Bewältigung der vielfältigen Herausforderungen für die nationale Sicherheit in der Golfregion darlegen kann, verdient es, von den amerikanischen Wählern ernsthaft in Betracht gezogen zu werden".

Letztendlich wurde John McCain, der für eine „Rückabwicklung" der Schurkenstaaten eintrat, zwar nicht Präsident, dafür aber sein Gegner bei den republikanischen Vorwahlen, George W. Bush. Und unter der Regierung des neuen republikanischen Präsidenten wurde der Krieg gegen den Irak begonnen - das Ergebnis eines langjährigen Plans der Clique der „Neokonservativen", deren gut finanziertes und engmaschiges Netzwerk seit fast einer Generation genau eine solche Aktion geplant hatte.

DIE ANDERE „ACHSE DES BÖSEN

Ein weiteres Schlüsselelement des Vorstoßes für ein vom neokonservativen Block befürwortetes amerikanisches Imperium ist die „Achse des Bösen" zwischen den Neokonservativen (die, wie wir gesehen haben, größtenteils knallharte jüdische Falken sind, die mit dem Sharon-Regime in Israel verbündet sind) und der sogenannten „christlichen Rechten" in Amerika - den Hardcore-Dispensationalists.

Obwohl der Journalist Jon Lee Anderson im *New Yorker* über die, wie er es nannte, „üblichen Behauptungen" des stellvertretenden irakischen Ministerpräsidenten Tariq Aziz lächelte, wonach, so Andersons Interpretation von Aziz' Äußerungen, „Amerika von einer kleinen Gruppe von Juden und Christen, der Öllobby und dem militärisch-industriellen Komplex gekapert wurde",[97], waren Aziz' Behauptungen begründet.

Obwohl sich weder alle amerikanischen Juden noch alle amerikanischen Christen mit den Neokonservativen und christlichen Fundamentalisten verbündet haben, um den Wunsch nach Großisrael zu unterstützen, hatte Aziz Recht, als er von einer „kleinen Gruppe" sprach, wie einflussreich diese auch sein mag.

Die Christliche Rechte ist eigentlich nur ein - wenn auch wichtiges - Segment der christlich-fundamentalistischen Bewegung in den USA. Weil sich die Christliche Rechte jedoch als wesentliche Machtbasis für die Wahlambitionen von George W. Bush und der Republikanischen Partei etabliert hat, steht ihr Einfluss im Namen der Neokonservativen und des Traums von Groß-Israel außer Frage.

Bushs Biograf Michael Lind ist der Ansicht, dass George W. Bush persönlich dazu gedrängt wird, die neokonservative Doktrin anzunehmen, gerade weil er die traditionellen christlich-religiösen Überzeugungen seiner eigenen Familie aufgegeben zu haben scheint, um die gleiche Art von christlichem Fundamentalismus anzunehmen, wie sie von den christlichen Hardlinern der Rechten zugunsten Israels praktiziert wird.

Lind schreibt: „Es besteht kaum ein Zweifel daran, dass die Verbindungen zwischen George W. Bush und Ariel Sharon auf Überzeugung und nicht auf Opportunismus beruhen. Wie die

---

[97] *The New Yorker*, 7. April 2003.

christlich-zionistische Basis der republikanischen Partei war auch George W. Bush ein gläubiger Südstaaten-Fundamentalist.[98]

DIE VERBINDUNG ZU ASHCROFT

Obwohl Bush viele Neokonservative in wichtige außenpolitische Positionen gebracht hat, würden wir uns ärgern, wenn wir seine Ernennung des ehemaligen Senators von Missouri John Ashcroft - Mitglied einer kleinen, aber lautstarken, fanatisch proisraelischen christlichen Sekte, die als „Penta-Costals" bekannt ist - zum Justizminister der Vereinigten Staaten nicht erwähnen würden. In dieser Position ist Ashcroft für das gesamte föderale Justizsystem der USA verantwortlich und beaufsichtigt das Federal Bureau of Investigation (FBI), den föderalen Strafverfolgungsapparat.

Obwohl „liberale" Interessengruppen in den USA lautstark gegen die Ernennung Ashcrofts protestierten, ist es eine Tatsache, dass, während Schwarze, Feministinnen, Abtreibungsbefürworter, Homosexuelle und andere bei der Aussicht, dass John Ashcroft Generalstaatsanwalt werden könnte, in sich zusammenkauerten, eine besonders einflussreiche Interessengruppe - die pro-israelische Lobby - Ashcroft bereits „grünes Licht" gegeben hatte.

Das erste öffentliche Zeichen von Israels Liebe zu Ashcroft erschien, als in den großen Medien ausführlich darüber berichtet wurde, dass Abe Foxman, der nationale Direktor der Anti-Defamation League (ADL) - einer mächtigen Einheit der Israel-Lobby - angekündigt hatte, er erwarte, dass Ashcroft ein „gerechter" Mann sein werde. Ashcrofts Anhänger priesen lautstark die effektive Unterstützung Foxmans an.

---

[98] *Michael Lind.* Made in Texas: George W. Bush and the Southern Takeover of American Politics *(New York: Basic Books, 2003), S. 157.*

In der Zwischenzeit haben Insider, die *The New Republic* (TNR) lesen, eine Zeitung, die als einflussreiche und schrille Stimme der Israel-Lobby bekannt ist, den Hinweis auf Ashcrofts „Akzeptanz" aus einer Schlüsselquelle erhalten. Ashcrofts langjähriger politischer Direktor Tevi Troy - ein orthodoxer Jude, der Nichtjuden bereits öffentlich als „Gojim" (rassistischer Begriff) bezeichnet hat - schrieb einen Artikel (veröffentlicht in der TNR-Ausgabe vom 29. Januar 2001), in dem er für Ashcroft warb. Troy - heute Verbindungsmann der Bush-Regierung zur jüdischen Gemeinschaft - erklärte, Ashcroft sei „mehr als tolerant, er ist regelrecht philo-semitisch". Troy enthüllte

> Ashcroft wurde in eine nichtjüdische Familie in einem überwiegend jüdischen Viertel von Chicago geboren. Seine Mutter arbeitete als nichtjüdische Shabbos [d.h. ein Nichtjude, der am jüdischen Sabbat für Juden arbeitet] und schaltete je nach Bedarf die Öfen ein und aus. Ashcrofts Vater nahm sogar eine Mesusa [jüdisches religiöses Symbol] mit, als die Familie von Chicago nach Springfield, Missouri, zog, wo er sie bis zu seinem Tod im Jahr 1995 am Türpfosten befestigt hielt. Ich würde wetten, dass Ashcroft mehr über das Judentum weiß als die Hälfte der jüdischen Mitglieder des Senats.[99]

Währenddessen, während der liberale jüdisch-demokratische Senator von New York, Charles Schumer, seine „liberalen" Wähler besänftigte, indem er sich öffentlich gegen Ashcroft wandte, wusste Schumer (wie auch andere Insider) genau, dass Ashcroft in den vergangenen Jahren sein (Schumers) Partner bei der Einführung parlamentarischer Maßnahmen zur Förderung der Interessen Israels gewesen war.

Unter anderem Ashcroft und Schumer zusammen:

---

[99] *The New Republic*, 29. Januar 2001.

- Er war Mitveranstalter einer gefährlichen polizeistaatlichen „Antiterrormaßnahme", die von der ADL und der Israel-Lobby stark gefördert wurde, gegen die sich die patriotische Basis in ganz Amerika mobilisierte und deren vollständige Verabschiedung sie weitgehend verhindern konnte. Natürlich geschah dies *lange vor den Anschlägen vom 11. September.*

- im Kongress Anstrengungen unternommen hat, um die Verlegung der US-Botschaft von Tel Aviv nach Jerusalem durchzusetzen; und

- Hat eine Maßnahme mitgetragen, die den Widerstand der USA gegen jede unabhängige Erklärung eines palästinensischen Staates verbindlich machen soll.

Für seine Stimmkampagne gegen die Palästinenser lobte das Institut für öffentliche Angelegenheiten der Union of Orthodox Jewish Congregations of America Ashcroft als „seit langem ein starker Verfechter des Staates Israel, seiner Sicherheit und Geborgenheit".

EINE ALLIANZ AUS JÜDISCHEN UND CHRISTLICHEN EXTREMISTEN...

Seit seiner Amtszeit als Generalstaatsanwalt war Ashcroft in der Tat einer der wichtigsten Befürworter der neokonservativen Likud-Politik der Regierung und schützte dabei hingebungsvoll die Interessen Israels. Inzwischen haben Ashcrofts neokonservative Verbündete in Bushs außenpolitischem Apparat ein mächtiges Bündnis mit dem christlich-rechten Wahlblock geschmiedet. Die ehemaligen CIA-Analysten Bill und Kathleen Christison haben dieses Phänomen mit besonders bissigen Worten beschrieben:

> Die beiden Loyalisten der Bush-Regierung haben dem Wachstum eines messianischen Stamms des christlichen Fundamentalismus, der sich mit Israel verbündet hat, um die sogenannte Endzeit vorzubereiten, einen zusätzlichen

Schub verliehen. Diese verrückten Fundamentalisten betrachten Israels Herrschaft über ganz Palästina als notwendigen Schritt zur Erfüllung des biblischen Jahrtausends, betrachten jeden Gebietsverzicht Israels in Palästina als Sakrileg und betrachten den Krieg zwischen Juden und Arabern als göttlich verordnetes Vorspiel zum Armageddon.

Diese christlichen Rechtsextremisten üben einen tiefen Einfluss auf Bush und seine Regierung aus, sodass sich die jüdischen Fundamentalisten, die sich für die Verewigung der israelischen Herrschaft in Palästina einsetzen, und die christlichen Fundamentalisten, die sich für das Millennium einsetzen, in den Aufsichtsräten gegenseitig stärken.

Das Armageddon, das christliche Zionisten aktiv zu fördern scheinen und mit dem sich die israelischen Loyalisten in der Regierung taktisch verbündet haben, wirft die entsetzliche, aber sehr reale Aussicht auf einen apokalyptischen Krieg zwischen Christen und Muslimen auf.

Den Neokonservativen scheint das egal zu sein, und Bushs gelegentliche, *pro forma* gehaltene Vorhaltungen gegen die Idee, den gesamten Islam für die Sünden islamischer Extremisten verantwortlich zu machen, tragen nichts dazu bei, diese Aussicht weniger wahrscheinlich zu machen.

Diese beiden Strömungen des jüdischen und christlichen Fundamentalismus verschmolzen in einem Programm für ein riesiges imperiales Projekt zur Umstrukturierung des Nahen Ostens, das durch das glückliche Zusammentreffen großer Ölvorkommen im Spiel und eines Präsidenten und eines Vizepräsidenten, die stark in Öl investiert sind, noch verstärkt wurde.

All diese Faktoren - die doppelte Loyalität eines großen Netzwerks von mit Israel verbündeten politischen Entscheidungsträgern, der Einfluss eines fanatischen Flügels christlicher Fundamentalisten und das Öl - dürften mehr oder weniger gleichwertig zu den Berechnungen der Regierung zur israelisch-palästinensischen Situation und zum Krieg gegen den Irak beigetragen haben.

Der entscheidendste Faktor bei der Gestaltung der US-Politik ist jedoch die Gruppe der israelischen Loyalisten: Weder die Unterstützung Israels durch christliche Fundamentalisten noch das Ölkalkül hätten das Gewicht, das sie in den Vorstandsetagen haben, ohne den wesentlichen Beitrag dieser Loyalisten, die klar wissen, wie man mit christlichen Fanatikern spielt, und die zweifellos auch wissen, dass ihr eigenes Brot und das Israels durch die Ölinteressen von Leuten wie Bush und Cheney gebuttert werden.

Hier färbt und beeinflusst die Loyalität der Beamten gegenüber Israel die Gestaltung der US-Politik auf äußerst gefährliche Weise.[100]

DIE GESCHICHTE DER ALLIANZ...

Der amerikanisch-jüdische Historiker Benjamin Ginsberg hat in seiner Studie *The Fatal Embrace: Jews and the State* die Rolle des Bündnisses der christlichen Rechten mit den Neokonservativen untersucht. Er erklärt

Die engen Beziehungen zwischen Israel und christlichen Fundamentalisten begannen sich zu entwickeln, nachdem der konservative Likud-Block 1977 in Israel an die Macht gekommen war, und wurden nach Reagans Präsidentschaftssieg in den USA 1980 noch verstärkt. Nach seinem Amtsantritt erhielt Reagan ein von Reverend Jerry Falwell und anderen prominenten christlich-

---

[100] Kathleen & Bill Christison in der Zeitschrift *Counterpunch* unter counterpunch.org, 13. Dezember 2002.

fundamentalistischen Führern unterzeichnetes Telegramm, in dem er aufgefordert wurde, Israel voll und ganz zu unterstützen, das ihrer Meinung nach „aus religiöser, moralischer und strategischer Sicht" „unsere Hoffnungen auf Sicherheit und Frieden im Nahen Osten" repräsentierte.

Die Regierung Begin verlieh Falwell den Zabotinsky-Preis für Verdienste um Israel und lud ihn und andere führende Vertreter der christlichen Rechten häufig nach Israel ein. Falwell unterstützt nachdrücklich die Annexion der besetzten Gebiete durch Israel und die Verlegung der israelischen Hauptstadt nach Jerusalem. „Es gibt keinen Zweifel, dass Judäa und Samaria zu Israel gehören müssen", sagte Falwell. Darüber hinaus „bin ich der Meinung, dass die Golanhöhen als Teil des Staates Israel annektiert werden sollten", sagte er.[101]

Der Autor Michael Lind schlägt vor, dass Falwell durchaus „der wichtigste Lobbyist der Likud-Partei in den USA" sein könnte.[102] Wie die amerikanisch-jüdischen Autoren Ken Silverstein und Michael Scherer anmerken, mochte Begin Falwell außerdem so sehr, dass er ihm für seine Bemühungen um Israel einen Learjet schenkte.[103]

---

[101] Benjamin Ginsberg. *Die verhängnisvolle Umarmung: Jews and The State* (Chicago: University of Chicago Press), 1993, S. 211.

[102] Lind, S. 149.

[103] „Born Again Zionists", Ken Silverstein und Michael Scherer, *Mother Jones*, September/Oktober 2002.

DIE NEOKONSERVATIVEN UND DIE FUNDAMENTALISTEN

Seit Begins Zeiten haben die nachfolgenden Likud-Premierminister enge Beziehungen zu den amerikanischen Evangelikalen geknüpft. Laut Silverstein und Scherer

> Christlich Konservative bieten Israel - und insbesondere der Likud-Partei von Premierminister Ariel Sharon - ihre wichtigste politische Unterstützung in den USA. Sie lehnen es ab, dass Israel Land an die Palästinenser abtritt und üben Druck auf die Bush-Regierung aus, die palästinensischen Büros in den USA zu schließen. Sie unterhalten auch enge Verbindungen zu den Kongressführern der GOP und zu einer Gruppe hochrangiger Falken im Pentagon - angeführt vom stellvertretenden Verteidigungsminister Paul Wolfowitz -, die von einigen Insidern in Washington als „Koscher Nostra".... bezeichnet wird.

> Sie bemühen sich ironischerweise, Israel zu unterstützen, weil sie glauben, dass dies zum ultimativen Triumph des Christentums führen wird. Für sie wurde die gegenwärtige Krise im Nahen Osten in der Bibel prophezeit: Nach der Rückeroberung des Heiligen Landes durch die Juden werden die Ungläubigen - einschließlich der Juden und Muslime - in Armageddon umkommen, und Jesus wird als Messias zurückkehren, um seine Anhänger in den Himmel zu führen.

> Denn dank der Beziehungen auf höchster Ebene und des populären Aktivismus evangelikaler Christen war die amerikanische Nahostpolitik noch nie so eng an Israel

ausgerichtet wie unter der Regierung von George W. Bush...[104]

Evangelikale Christen sind Arabern und Muslimen gegenüber besonders feindselig eingestellt. Sie sind der Ansicht, dass „Araber und Muslime auf Ismael zurückgehen, den benachteiligten Sohn Abrahams, dem Gott große Ländereien und Ressourcen versprochen hatte, der sich aber nie mit dem zufrieden gab, was er hatte. Wie gut es den Arabern auch gehen mag, sie werden nie geistigen Frieden finden", [105], so diese christlichen Extremisten. (Es sei darauf hingewiesen, dass dies nicht die übliche Sichtweise eines typischen amerikanischen Christen ist, wie wir noch sehen werden).

Unter Betonung der Tatsache, dass einer der Falken der Bush-Administration, der eng mit der christlichen Rechten zusammenarbeitete, Douglas Feith - der Stellvertreter des stellvertretenden Verteidigungsministers Paul Wolfowitz - ist, zitieren Silverstein und Scherer Feiths ehemaligen Mitarbeiter am Zentrum für Sicherheitspolitik, Frank Gaffney, der behauptet: „Die Politik der US-Regierung wird zutiefst von Überzeugungen beeinflusst, die von denen geteilt werden, die nach außen drängen [evangelikale Christen] und von denen, die nach innen drängen [jüdische Neokonservative]".[106]

Michael Lind stellt fest, dass der israelische Likud die Fundamentalisten enthusiastisch begrüßt, und weist darauf hin, dass „die starke Unterstützung der protestantischen Fundamentalisten für Israel... ein Vierteljahrhundert lang von

---

[104] *Ibid.*

[105] Silverstein & Scherer, *Mother Jones. Ibid.*

[106] *Ibid.*

rechtsgerichteten israelischen Politikern und ihren neokonservativen Verbündeten manipuliert wurde".[107]

Ironischerweise sehen sogar „liberale" jüdische Gruppen in den USA, die Israel unterstützen, aber öffentlich für eine Verhandlungslösung mit den Palästinensern eintreten, die Gefahr dieser unheiligen Allianz zwischen evangelikalen Christen und jüdischen Neokonservativen.

Rabbiner Eric Yoffie, Direktor der Union of American Hebrew Congregations, soll gesagt haben, dass diese Allianz aus Evangelikalen und Neokonservativen „jedes Zugeständnis als Bedrohung für Israel ansieht und damit die Hardliner in Israel und den USA stärkt".[108]

DIE FANATIKER DES KONGRESSES

Im US-Kongress gibt es eine Reihe von Gesetzgebern, die sich eng an christlichen Fundamentalisten und ihren zionistischen Verbündeten orientieren. Dazu gehört der republikanische Mehrheitsführer im Repräsentantenhaus, Tom DeLay aus Texas, der „mit den israelischen Falken darin übereinstimmt, dass das Westjordanland und die Golanhöhen eher zu Israel gehören als besetzte Gebiete zu sein".[109]

Im Senat ist einer der wichtigsten christlichen pro-israelischen „Falken" Senator Sam Brownback, ein Republikaner aus Kansas. Senator James Inhofe aus Oklahoma, ebenfalls ein Mitglied der Republikanischen Partei, ist jedoch rhetorisch vielleicht noch extremer und fanatischer als Brownback, wenn es um die

---

[107] Lind, S. 148.

[108] *Ibid.*

[109] *Ibid.*

Unterstützung von Hardcore-Likudniks geht, seien sie nun Christen oder Juden.

Obwohl Tom Brokaw von NBC Senator James Inhofe (R-Okla.) am Wahlabend 2000 als „außenpolitischen Experten" bezeichnete, scheint Inhofes Expertise eher religiösem Fanatismus der christlich-zionistisch-fundamentalistischen Überzeugungsarbeit zu entspringen.

So erklärte Inhofe beispielsweise am 4. März 2002 in einer Rede vor dem Senat, Gott habe den Terroristen erlaubt, die Vereinigten Staaten am 11. September 2001 anzugreifen, um Amerika dafür zu bestrafen, dass es zu hart gegen Israel sei. In einer Rede, in der er seinen republikanischen Kollegen, Präsident Bush, verurteilte, der damals als zu hart gegenüber Israel wahrgenommen wurde, sagte Inhofe mit deutlichen Worten

> Einer der Gründe, warum ich glaube, dass die geistige Tür für einen Angriff auf die Vereinigten Staaten von Amerika geöffnet wurde, ist, dass die Politik unserer Regierung darin bestand, die Israelis aufzufordern und unter Druck zu setzen, die Terroranschläge, die gegen sie gerichtet waren, nicht nennenswert zu erwidern.[110]

Obwohl die US-Medien bereits Redner aus der muslimischen Welt angegriffen hatten, die auf die eine oder andere Weise angedeutet hatten, dass der Angriff vom 11. September auf die USA Allahs Wille gewesen sei, wurden Inhofes aufhetzerische Bemerkungen kaum erwähnt.

Inhofe war nicht der einzige christliche Fundamentalist in den USA, der eine solche Bemerkung machte. Am 11. Oktober 2002 erklärte die Evangelistin Joyce Meyer auf der nationalen Konferenz der Christlichen Koalition, dass das amerikanische

---

[110] *Congressional Record*, Senat. 4. März 2002.

Volk den Anschlag vom 11. September verdient habe, weil es sich nicht fest auf die Seite Israels gestellt habe. „Wenn wir Gott nicht gehorchen, wird der göttliche Schutz aufgehoben", kündigte sie an ([111]). Dennoch wurde dieser pro-israelische Wahnsinn von den Mainstream-Medien ignoriert.

Inhofe versuchte auch zu erklären, dass die ethnischen Palästinenser nie ein historisches Recht auf Palästina hatten und dass sie, wenn sie dort waren, kaum zum Aufschwung der Region beigetragen haben.

In einer anderen Rede vor dem Senat zitierte Inhofe beispielsweise den französischen Philosophen Voltaire aus dem 18. Jahrhundert, der das Palästina seiner Zeit als einen „trostlosen und hoffnungslosen Ort" beschrieb. Was Inhofe in seiner Parteinahme für die jüdischen Besatzer Palästinas jedoch offenbar ignoriert hat, ist das, was Voltaire bei anderer Gelegenheit ebenfalls gesagt haben soll: „Während sich die Araber durch Mut, Gastfreundschaft und Menschlichkeit auszeichnen, sind die Juden feige und lüstern, gierig und geizig".

Der Senator aus Oklahoma deutete an, dass Palästina eine trostlose Region sei, die niemand haben wolle. „Wo war diese große palästinensische Nation?", fragte Herr Inhofe. „Sie existierte nicht. Sie existierte nicht. Die Palästinenser gab es nicht.

Zwar weiß jeder normale Mensch mit auch nur minimalen Kenntnissen der Geschichte Palästinas, dass die Behauptungen von Herrn Inhofe einer wilden Fantasie entsprungen sind, doch teilen Millionen von Amerikanern diese provokativen und hasserfüllten Ansichten.

---

[111] *Zitiert in Michael Lind.* Made in Texas: George W. Bush and the Southern Takeover of American Politics *(New York: Basic Books, 2003), S. 153.*

PRO-ZIONISTISCHE MEDIEN FÖRDERN EINE FUNDAMENTALISTISCHE SEKTE

Die Wahrheit ist, dass die (lange Zeit israelfreundlichen) amerikanischen Medien dazu beigetragen haben, die Sache der christlichen Rechten und ihrer „dispensationalist" Anhänger voranzutreiben, die so sehr mit der „neokonservativen" Sache in Amerika und ihren Verbündeten in Israel verbunden sind.

So hat sich beispielsweise *Time*, das wöchentliche Nachrichtenmagazin, das vom Medienmegamonopol AOL-Time Warner herausgegeben wird, in jüngster Zeit als einer der wichtigsten Förderer der Philosophie der „letzten Tage" des Dispensationalismus etabliert, die von den christlichen Televangelisten, die mit der neokonservativen Clique innerhalb der Bush-Administration verbündet sind, identifiziert wird.

In einer reichlich illustrierten Titelgeschichte vom 1. Juli 2002 mit dem Titel „The Bible & The Apocalypse-Why more Americans are reading and talking about the end of the world" (Die Bibel und die Apokalypse - Warum immer mehr Amerikaner über das Ende der Welt lesen und reden) bot *Time* den Befürwortern der „Endzeit" dreizehn ganze Seiten Werbung an - insbesondere dem „konservativen" Evangelisten der christlichen Rechten Tim LaHaye, einem unwahrscheinlichen Helden für eine Zeitschrift, die normalerweise als Stimme der liberalen Überzeugungsarbeit gilt.

Warum sollten die superreichen Plutokraten, die AOL und *Time* Warner beherrschen - darunter der Milliardär Edgar Bronfman, Whiskeybaron und Chef des Jüdischen Weltkongresses - ihren Medieneinfluss nutzen, um eine bestimmte Form der christlichen Theologie zu fördern? Diese Frage haben sich viele amerikanische Christen, die mit der „dispensationalistischen" Philosophie nicht einverstanden sind, zu stellen begonnen.

Auf den dreizehn Seiten des Magazins, das von der Familie Bronfman dominiert wurde, waren 13 verschiedene Artikel zu finden, die entweder brillant illustriert waren oder in Kästen oder erklärenden Dokumenten dargestellt wurden. Für die Werbung für LaHaye wurde viel Aufwand betrieben: Im ersten Absatz stellte der Hauptartikel LaHayes neuestes Buch *The Remnant* als „das größte Buch des Sommers" vor und enthielt ein prominent platziertes Foto des Buchumschlags.

Oben auf den verschiedenen Seiten des Dokuments finden sich Kästen zu „Fakten" wie „36% der Befragten, die Israel unterstützen, geben an, dies zu tun, weil sie an die biblischen Prophezeiungen glauben, dass die Juden Israel kontrollieren müssen, bevor Christus zurückkehrt" oder „42% geben an, Israel zu unterstützen, weil die Juden Gottes auserwähltes Volk sind".

Vier ganze Seiten eines einzigen Artikels waren speziell LaHaye gewidmet. Ein großes, attraktives, zweiseitiges Farbfoto eines gestikulierenden LaHaye, das von unten nach oben aufgenommen wurde und ihn fast imposant erscheinen ließ, wurde zusammen mit der Überschrift „Meet the Prophet" (Treffen Sie den Propheten) in großen Lettern abgebildet. Ein zweites Foto zeigte einen lächelnden, leger gekleideten LaHaye, der von seiner attraktiven Ehefrau und Mitarbeiterin Beverly gestreichelt wurde, und beschrieb die beiden als „starkes Paar", das „den evangelischen Eifer teilt".

Am Rande des LaHaye-Artikels stellte *Time* begeistert Farbfotografien von zur Verfügung.:

- LaHayes „Graphic Novels" (*Left Behind)* in Form von Comics

- Das Brettspiel *Left Behind* von Lahaye,

- Die Einbände von sechs der 22 Kinderbücher von LaHaye,

- die CDs *Left Behind* von LaHaye (*Time* kündigt seinen Lesern an, dass es sich dabei um Audioversionen „mit ein wenig Musik" handelt); und

- Ein Foto aus LaHayes Fortsetzung des Films *Left Behind*. Damit niemand die Premiere verpasst, teilte *Time* seinen Lesern mit, dass LaHayes neuer Film „im November erhältlich" sein würde.

Nur wenige haben das Glück, eine solche Aufmerksamkeit von den Medien zu erhalten! Und es ist klar, dass all dies wertvolle Werbung war, für die LaHaye Millionen hätte ausgeben müssen. Aber das ist noch nicht alles.

Im Hauptartikel der Serie breiteten die *Time-Redakteure* auf zwei Seiten Farbfotografien aus - zusammen mit Beschreibungen von zehn vollständigen Romanen aus LaHayes „Left Behind"-Reihe, einschließlich eines zweiten Fotos von LaHayes letztem Roman *The Remnant*, der bereits im ersten Absatz desselben Artikels beworben und abgebildet worden war.

Unter jedem Bild und jeder Beschreibung jedes Romans zitierte *Time* großzügig die biblische Schrift, auf der jeder Roman angeblich beruht, und blökte in großen, fetten Lettern „Copies Sold 7,000,000" (oder eine andere relevante Zahl) unter die Illustration jedes Buches.

In einem anderen Artikel wurde die wahrscheinlich relevante Frage zu LaHayes dispensationalistischem Standpunkt (in Bezug auf die Familie Bronfman) gestellt: „Ist das gut für die Juden?". Die Antwort, so scheint es, lautet „Ja".

Obwohl *Time* feststellte, dass einige jüdische Theologen sich darüber ärgern, dass LaHaye und die Dispensationalisten die „Endzeit" als die Zeit betrachten, in der die Juden Jesus Christus als den Messias annehmen müssen, überließ *Time* das kritische Endurteil einer prominenten Stimme aus der pro-israelischen Lobby.

Time berichtet: „Doch wenn sich ein Volk isoliert und angegriffen fühlt, wird es sich alle Freunde nehmen, die es haben kann, entgegnet Abraham Foxman, der nationale Direktor der Anti-Defamation League". *Time* zitiert dann direkt Foxman: „Ich glaube nicht, dass es unsere Aufgabe ist, das Herz, die Seele und die Metaphysik der Menschen zu erforschen, um herauszufinden, warum sie Israel unterstützen.

Einige tun dies aus Gründen des nationalen Interesses, andere aus moralischen und wieder andere aus theologischen Gründen. Wir legen keine Normen oder Bedingungen für die Unterstützung fest". *Die christliche Rechte ist also der rechte Arm Israels.*

PRO-ZIONISTISCHE MEDIEN GREIFEN DEN VATIKAN AN

Umgekehrt haben die großen US-Medien viel getan, um christliche Religionsführer und Splittergruppen zu verurteilen, die Fragen zur neokonservativen Kriegspartei und ihren Anhängern der christlichen Rechten aufwerfen.

Beispielsweise *richtete* der koreanische Sektenführer Sun Myung Moon, Herausgeber der neokonservativ geprägten *Washington Times,* die Schüsse seiner Zeitung gegen die römisch-katholische Kirche und Papst Johannes Paul II. im Vatikan.

In Bestätigung des 2002 von einer vom Vatikan gebilligten Zeitung erhobenen Vorwurfs, die Mainstream-Medien seien der katholischen Kirche wegen ihrer Opposition gegen die US-Aggression gegen den Irak feindlich gesinnt, startete Moons Zeitung aus genau diesem Grund eine redaktionelle Salve gegen die Kirche.

Am 22. Januar 2003 beschwerte sich Moons *Washington Times,* dass „die jüngste Geschichte nahelegt, dass eine vorsichtige Note angebracht ist, wenn es darum geht, auf die Warnungen der katholischen Kirche bezüglich der militärischen Aktion der Vereinigten Staaten gegen den Irak zu hören".[112]

---

[112] *The Washington Times,* 22. Januar 2003.

Die *Times* stellt fest, dass der Vatikan und katholische Führer in den USA „sich in den letzten Monaten als zwei der schärfsten Kritiker möglicher amerikanischer Militärschläge gegen den Irak hervorgetan haben", und erinnert daran, dass „der Papst im Vorfeld des Golfkriegs 1991 zahlreiche Erklärungen abgab, in denen er die Weisheit, in den Krieg zu ziehen, in Frage stellte".

Die Tatsache, dass eine selbsternannte „Mainstream"-Zeitung sich so weit vorwagt, einen solchen Leitartikel zu veröffentlichen, mag einigen Kritikern so erscheinen, als würde sie sich in die Arena des religiösen Fanatismus begeben, in dem Maße, in dem diejenigen, die es wagten, anzudeuten, dass der „jüdische Einfluss" möglicherweise eine Hauptkraft bei der Förderung der Beteiligung der USA an einem Krieg gegen den Irak war, beschuldigt wurden, „die Feuer des religiösen Hasses zu schüren". Moons Zeitung scheint jedoch kein Problem damit zu haben, die katholische Kirche und ihre Führer anzugreifen, wenn sie eine andere politische Position einnehmen als Reverend Moon und die pro-israelische Kontingenz, die die „neokonservative" redaktionelle Politik der *Washington Times* diktiert, die die Kontrolle über.

Moons Angriff auf den Vatikan kam für diejenigen nicht überraschend, die wussten, dass *Civilta Cattolica - eine* einflussreiche, vom Vatikan gebilligte Zeitschrift - in ihrer Ausgabe vom 1. Juni 2002 die amerikanischen Medien wegen ihrer obsessiven Berichterstattung über die Sexskandale der katholischen Kirche scharf beschossen hatte. *Civilta Cattolica* behauptete kategorisch, dass die Kontrolleure der US-Medien einen Groll gegen die Kirche gehegt hätten, zumindest teilweise, weil die katholische Kirche sich geweigert hatte, den von den Medien geförderten Krieg gegen Saddam im Jahr 1991 zu unterstützen.

Da das plötzliche und intensive Interesse der Medien an den Problemen der Kirche, wie im Dossier dargelegt, nach dem 11. September tatsächlich explodierte, ist es interessant, dass *Civilta*

Cattolica in ihrer Sezierung der Medienangriffe auf die Kirche auch die Folgen des 11. Septembers zitierte.

Tatsächlich legte *Civilta Cattolica* nahe, dass die Aufrufe der katholischen Kirche gegen die „Vendettas" gegen die arabische und muslimische Welt im Zuge des 11. Septembers auch die Medien beleidigten, die stark für eine anti-arabische und anti-islamische Agenda warben und dabei häufig sogenannte „Experten" für Terrorismus und den Nahen Osten zitierten, die - meist - Befürworter der israelischen Politik und oft direkt mit den israelischen Geheimdiensten verbunden sind.

Heute meldete sich *die Washington Times* zu Wort, fast so, als wolle sie das Gewicht der Anklage der vom Vatikan gebilligten Zeitung bestätigen.

LIEBERMAN ALS PRÄSIDENT

Ebenso interessant (und damit zusammenhängend) ist, dass zur gleichen Zeit, als die - in republikanischen Kreisen sehr einflussreiche - *Times* den Vatikan wegen seiner Haltung zum Konflikt zwischen den USA und dem Irak angriff, dieselbe Zeitung den demokratischen Präsidentschaftsbestrebungen des Senators Joseph Lieberman freundlich zunickte und ihn als den Typ Staatsmann lobte, den die Amerikaner gerade wegen seiner Entschlossenheit, die USA in einen Krieg gegen den Irak zu ziehen, unterstützen sollten.

Im Jahr 2001 lobte die *Times* in einem Leitartikel vom 13. August mit dem Titel „A Scoop Jackson Democrat" Liebermans führende Rolle bei den Bemühungen, eine US-Invasion im Irak auszulösen. Laut der *Times*

> Wenn es darum geht, die wichtigsten außenpolitischen Fragen der Gegenwart zu verstehen - insbesondere die Notwendigkeit, der amerikanischen Öffentlichkeit zu erklären, warum Präsident Bush zu Recht seine Pläne verfolgt, den irakischen Machthaber Saddam Hussein zu

stürzen - liefert Lieberman genau die Art von Führung, die man braucht.[113]

In der *Times* heißt es: „Es ist nicht übertrieben zu sagen, dass Liebermans langjähriger Ansatz in der Außenpolitik dem Ansatz des verstorbenen Washingtoner Senators Henry „Scoop" Jackson während des Kalten Krieges sehr ähnlich ist".[114]

Der Vergleich ist wahrscheinlich kein Zufall, wenn man bedenkt, dass der eigentliche „Drahtzieher" von Jacksons kriegerischer (und vehement pro-israelischer) Haltung kein Geringerer als Richard Perle war, heute der Hauptideologe der „neokonservativen" Falken, die den Krieg gegen den Irak inszeniert haben.

Während Jacksons Glanzzeit war Perle Jacksons wichtigster Berater hinter den Kulissen und lenkte den ansonsten „liberalen" Jackson auf eine konfrontative Haltung gegenüber der damaligen Sowjetunion, hauptsächlich weil dem Kreml - zu dieser Zeit - vorgeworfen wurde, „antizionistisch" zu sein.

Die Zustimmung der *Times* zu Lieberman erinnert an die enthusiastischen Lobeshymnen, die Reverend Jerry Falwell - ein weiterer fanatischer Anhänger Israels und prominenter Republikaner - Lieberman während des Wahlkampfs im Jahr 2000, als dieser Al Gores Running Mate für die Vizepräsidentschaft war, zukommen ließ.

Obwohl es sich um eine bizarre Figur handelt, ist der Herausgeber der *Times*, Herr Moon, seit langem mit den „neokonservativen" Elementen der Hardliner in der amerikanischen Israel-Lobby verbunden. Es ist daher nicht überraschend, dass Moons Zeitung Liebermans Aufruf zum Krieg (und seine Kandidatur) fördert,

---

[113] *The Washington Times*, 13. August 2001.

[114] *Ibid.*

während sie gleichzeitig den Vatikan wegen seiner Ablehnung des Krieges angreift.

CHRISTLICHE KRITIK AM PRO-ZIONISTISCHEN FANATISMUS

Auf der positiven Seite ist anzumerken, dass es in Amerika eine christliche Reaktion gegen die mit den „Neokonservativen" verbündeten Verteidiger des „Endes der Zeiten" Israels gibt. Obwohl es immer eine Hauptgruppe christlicher Fundamentalisten gab, die lautstark und konsequent das gesamte Konzept des „Dispensationalismus" in Frage stellten und sich mit den Verteidigern Israels über die Vorstellung stritten, dass der moderne Staat Israel das Israel der Bibel darstelle - eine These, die sie ablehnen -, blieb diese Gruppe weitgehend unauffällig, da sie den Zorn der amerikanischen Medien fürchtete, die Israelkritiker schnell des „Antisemitismus" bezichtigen.

In der Gegend von Washington, DC, sendet jedoch seit vielen Jahren ein bekannter christlicher Evangelist namens Dale Crowley Jr. regelmäßig sechsmal pro Woche ein Radioforum (auf WFAX-AM 1220), in dem er die israelische Lobby, ihre neokonservativen Agenten und die Persönlichkeiten der christlichen Rechten, mit denen die Neokonservativen verbündet sind, aufs Korn nimmt.

Vor kurzem verfasste Crowley einen „Offenen Brief an Jerry Falwell", der in der nationalen Wochenzeitung *American Free Press* veröffentlicht wurde und Falwell und seine christlich-rechten Weggefährten wegen ihrer Unterstützung der israelischen Aggression gegen palästinensische Muslime und Christen scharf verurteilte.

Als glühender Christ in der fundamentalistischen Tradition musste Crowley wegen seiner Direktheit oft den Zorn der Anti-Defamation League (ADL) der B'nai B'rith über sich ergehen lassen, ließ sich aber nie entmutigen.

Ein anderer christlicher Aktivist aus der Gegend von Washington, E. Stanley Rittenhouse, forderte Falwell und die pro-zionistischen Elemente ebenfalls energisch heraus. Bei einer Gelegenheit organisierte Rittenhouse eine Mahnwache vor Falwells Kirche, in der Hoffnung, Falwells Anhänger von den Gefahren zu überzeugen, die das blinde Bündnis mit dem Zionismus und dem israelischen Imperialismus sowohl für Amerika als auch für die christliche Tradition mit sich bringt.

Ein faszinierendes Buch von Rittenhouse, *For Fear of the Jews*, ist eine gut geschriebene Darstellung des Themas, die kein Blatt vor den Mund nimmt.

Der in Oregon ansässige Reverend Theodore Winston „Ted" Pike ist einer der bekanntesten christlichen Kritiker der evangelikalen Allianz mit dem Zionismus. Zusammen mit seiner Frau Alynn hat er mehrere bemerkenswerte Videos produziert, darunter *The Other Israel*, *Why the Mid-East Bleeds* und *Zionism & Christianity: Unholy Alliance*, die sich jeweils mit verschiedenen Aspekten der Nahostkrise befassen und sehr empfehlenswert sind.

Darüber hinaus lehnt eine wachsende Zahl anderer Christen - die weitgehend unabhängig von den organisierten Kirchen agieren - den Dispensationalismus ebenfalls ab und kritisiert offen die führenden Evangelisten wie Falwell, Pat Robertson, Tim LaHaye und andere. Es handelt sich dabei um die sogenannten „Präteristen", die (auf der Grundlage solider historischer Fakten) behaupten, dass der moderne Dispensationalismus keineswegs eine traditionelle christliche Lehre ist und größtenteils auf einer Theorie beruht, die Anfang des 20. Jahrhunderts von einem gewissen Cyrus Scofield populär gemacht wurde. Die Präteristen beschuldigen Scofields Dispensationalismus, von der europäischen Rothschild-Familie aktiv gefördert und finanziert worden zu sein, und zwar genau zu dem Zweck, die zionistische Sache voranzutreiben und die Förderung einer imperialen Weltordnung zu unterstützen, die der Politik ganz ähnlich ist, die von den „neokonservativen" Elementen der Bush-Administration im Bündnis mit der christlichen Rechten verfolgt wird.

Zu den prominentesten Präteristen gehören Persönlichkeiten wie Don K. Preston und John Anderson, die eine Vielzahl von Dokumenten und Videos produziert haben, die die dispensationalistischen Lehren und die Propaganda in Frage stellen. Ein anderer ist der aus Syrien stammende christliche Gelehrte Robert Boody, heute stolzer amerikanischer Staatsbürger, der nicht nur die Dispensationalisten, sondern auch die dezidiert pro-israelischen und anti-arabischen Tendenzen der US-Regierung unverblümt kritisiert hat.

Der Einfluss der Präteristen auf viele amerikanische Christen ist so groß, dass die Führer der dispensationalistischen Bewegung wie Tim LaHaye energisch versuchen, gegen diese immer einflussreicher werdende Botschaft vorzugehen.

Während also die christliche Rechte und ihre „Likudnik"-Verbündeten unter den Neokonservativen heute in einer starken Position sind, gibt es eine wachsende Rebellion in den Reihen der guten amerikanischen Christen, die nicht an Krieg und Zerstörung der arabischen und muslimischen Welt im Namen des zionistischen Imperialismus glauben, wie immer er sich auch geben mag.

DIE AMERIKANISCH-ISRAELISCHE TERRORISMUSINDUSTRIE

Die US-Medien fördern nicht nur die christlich-jüdische extremistische Allianz, die das „neokonservative" Netzwerk unterstützt, sondern leihen auch ihr beträchtliches Gewicht den Bemühungen der Neokonservativen, die Amerikaner gegen die arabische und muslimische Welt aufzuhetzen.

Viele Jahre lang - lange vor den Anschlägen vom 11. September - verbreiteten die amerikanischen Medien die Angst vor

„Terrorismus" mit einer klaren Botschaft: Araber sind Terroristen oder zumindest potenzielle Terroristen.

Wie das Dossier zeigt, wenden sich die Medien, wenn sie sich an „Experten" wenden, um Informationen über den Terrorismus zu erhalten, in der Tat meist an Quellen mit engen Verbindungen zu Israel und seiner US-Lobby.

1989 veröffentlichte Pantheon Books ein wenig beachtetes Buch, das einen brutalen und aufschlussreichen Blick auf die Entwicklung und das Wachstum dessen wirft, was die Autoren als „Terrorismusindustrie" bezeichneten.

In *The „Terrorism" Industry: The Experts and Institutes That Shape* Our *View of Terror* haben Professor Edward Herman *von* der University *of* Pennsylvania und sein Mitautor Gerry O'Sullivan einen umfassenden und gelehrten Überblick darüber geliefert, wie mächtige private Interessen (sowohl ausländische als auch inländische) mit Regierungsstellen in den USA und weltweit zusammengearbeitet haben, um die Art und Weise zu beeinflussen, wie die Welt das Phänomen des modernen Terrorismus wahrnimmt.

Obwohl sich die Autoren nicht ausschließlich auf die Rolle Israels und seiner US-Lobby in der „Terrorismusindustrie" konzentrieren, geht aus ihren sorgfältig recherchierten Schlussfolgerungen sehr deutlich hervor, dass Israel in der Tat ein Hauptakteur ist, und zwar von Anfang an.

DIE KRISTOL-VERBINDUNG - NOCH EINMAL

Die Autoren meinen: „Viele Institute und Denkfabriken, die wichtige Bestandteile der Terrorismusindustrie sind, wurden im

Rahmen einer Großoffensive der Unternehmen in den 1970er Jahren gegründet oder entwickelten sich rasch."[115]

Sie betonen, dass einer der Hauptorganisatoren und Spendensammler - eine mächtige PR-Stimme hinter dieser Unternehmensoffensive - Irving Kristol war, dem es „gelang, ein breites Spektrum an reichen Privatpersonen, Unternehmen und Stiftungen für das globale Finanzierungsunternehmen zu mobilisieren". Irving Kristol ist natürlich der Vater von William Kristol, dem wichtigsten Publizisten für die Ideologie des „neokonservativen" Netzwerks.

Kristol senior nutzte seinen Einfluss in der Elite und war somit einer der Hauptinitiatoren einer wachsenden Zahl von Institutionen, die ihre Ressourcen der Erforschung des „Terrorismus" widmeten - zumindest so, wie Kristol und seine Partner ihn definierten.

Der „Krieg gegen den Terrorismus" war also schon lange vor dem 11. September ein fester Bestandteil der langfristigen Vision der Neokonservativen.

DIE ISRAELISCHE VERBINDUNG - NOCH EINMAL

In *The 'Terrorism' Industry* haben Herman und O'Sullivan die israelischen Verbindungen einiger der Institutionen aufgezeigt, die für ihr aktives Engagement bei der Analyse und Erklärung des Terrorismus am bekanntesten sind:

---

[115] Sofern nicht anders angegeben, sind alle folgenden Zitate entnommen aus: Edward Herman und Gerry O'Sullivan. *Die „Terrorismus"-Industrie: Die Experten und Institutionen, die unsere Vorstellung von Terror prägen.* (New York: Pantheon Books, 1989).

- Die neokonservative Heritage Foundation „hilft bei der Finanzierung und engagiert sich in gemeinsamen Aktivitäten mit Instituten in Großbritannien und Israel".

- Das Jewish Institute of National Security Affairs (JINSA) „wurde organisiert und wird von Personen geleitet, die eng mit der Israel-Lobby verbunden sind, und kann als virtuelle Agentur der israelischen Regierung angesehen werden".

- Zum Zentrum für strategische und internationale Studien der Georgetown University gehören bekannte und in den Medien oft zitierte „Experten" für Terrorismus wie Michael Ledeen, Walter Laquer und Edward Luttwak, die „sehr enge Beziehungen zu Israel und dem Mossad hatten".

- Das Institut für Studien zum internationalen Terrorismus an der State University of New York hat „weitreichende internationale Verbindungen zur Militärpolizei und zu Geheimdiensten sowie zur amerikanischen, europäischen und israelischen Rechten [die] die eigenen Verbindungen des [Gründers Yonah] Alexander widerspiegeln".

DIE MEDIEN DIE „TERRORISMUSINDUSTRIE" FÖRDERN

Mit diesen und anderen Institutionen, die der Öffentlichkeit „Fakten" über den Terrorismus vermitteln, erfüllen die Medien ihre Aufgabe, laut Herman und O'Sullivan, indem sie die Informationen (oder besser „Desinformation"?) über den Terrorismus, die die Terrorismusindustrie vorantreibt, unhinterfragt übernehmen:

Die Terrorismusindustrie produziert die westliche „Linie" zum Terrorismus und wählt die „Fakten" aus, die sie stützen, und die Medien verbreiten diese an die Öffentlichkeit. Der Übertragungsprozess verläuft reibungslos, da die Medien die fabrizierten Botschaften ohne weiteres weitergeben und im Wesentlichen als Leitungen fungieren.

„Die US-Medien haben keine Fragen zu den Prämissen und der Agenda der Terrorismusindustrie aufgeworfen und schaffen es in der Regel nicht einmal, wörtliche Fehler herauszufiltern oder zu korrigieren.

Herman und O'Sullivan führen als Beispiel eine vierteilige Artikelserie zum Thema „Counterterrorism" an, die am 2., 3., 4. und 5. Dezember 1984 in der *New York Times* erschien. Die Autoren weisen darauf hin, dass sich die *Times* bei rund 20 Prozent der veröffentlichten Informationen auf israelische Beamte und Experten stützte. Bei den anderen Befragten handelte es sich größtenteils um US-Beamte und andere „Experten". Die Autoren gaben jedoch nicht an, ob die in dem *Times-Bericht* enthaltenen US-Beamten und Experten Verbindungen zu Israel und seiner US-Lobby hatten.

STAATLICH GEFÖRDERTER TERRORISMUS ZU POLITISCHEN ZWECKEN

Die Autoren weisen aufgrund ihrer Erkenntnisse darauf hin, dass es gute Gründe für die Annahme gibt, dass einige „Terrorismus"- Akte in Wirklichkeit bewusste Provokationen sind, die geschaffen wurden, um die Agenda derjenigen voranzutreiben, die demonstrativ gegen den Terrorismus kämpfen. Sie schreiben:

> Staatliche Bedienstete sowie Bedienstete privater Gruppen können Terroristen nicht nur in terroristische Organisationen verwickeln, sondern sie auch zu terroristischen Handlungen anstiften, um eine Strafverfolgung zu rechtfertigen. Sie können selbst terroristische Handlungen - die anderen zugeschrieben werden - zu Propagandazwecken begehen. Wir sind der Ansicht, dass diese Handlungen von erheblicher und unterschätzter Bedeutung sind.

> Es ist nicht schwer für Agenten von Geheimdienstorganisationen, eine Bombe zu zünden oder sogar Einzelpersonen zu töten oder andere zu ermutigen

oder anzuheuern, diese Dinge zu tun, und dann einen Telefonanruf zu tätigen, in dem sie im Namen eines roten Netzwerks oder einer palästinensischen Organisation die Verantwortung für die Tat übernehmen. Dies ist ein einfacher Weg, um das gewünschte moralische Umfeld zu schaffen, und es gibt substanzielle Beweise dafür, dass Staaten solche Praktiken häufig angewandt haben.

Die israelische Regierung verübte 1955-56 eine Reihe von terroristischen Bombenanschlägen auf US-Einrichtungen in Kairo, in der Hoffnung, dass sie Ägyptern zugeschrieben würden und die Beziehungen zwischen Ägypten und den USA beeinträchtigen würden. In den USA war das FBI lange Zeit als Agent Provocateur tätig, der unterwanderte Dissidentenorganisationen zur Gewalt aufstachelte und direkte Gewalttaten ausführte, die dann den angegriffenen Personen und Organisationen zugeschrieben wurden.

Wie Herman und O'Sullivan betonten, ist die Sache mit dem „Terrorismus" weitaus komplexer, als es den Anschein hat. Deshalb sollten die Amerikaner insbesondere den von den Medien verbreiteten Informationen über „Terrorismus" misstrauen und genau prüfen, wer sich hinter diesen Informationen verbirgt.

STEVEN EMERSON - SPEZIALIST FÜR DESINFORMATION

Ein von den Medien häufig zitierter Terrorismus-"Experte" verdient es, näher betrachtet zu werden. Es handelt sich um Steven Emerson - der angeblich Jude ist, obwohl er dies zumindest öffentlich nicht zugibt -, der häufig in den US-Medien auftaucht.

Seine Kritiker haben ihn als „fanatischen Araber- und Muslimhasser" bezeichnet, was er offensichtlich auch ist. Ein unabhängiger Journalist, John Sugg, fasste Emersons Aktivitäten zusammen, indem er seine Verbindungen zu Israel hervorhob

Ein genauerer Blick auf Emersons Karriere legt nahe, dass seine Priorität nicht so sehr auf Informationen lag, sondern auf dem unaufhörlichen Angriff auf Araber und Muslime...

Emerson wurde in den frühen 1990er Jahren bekannt. Er veröffentlichte Bücher und Artikel, produzierte einen Dokumentarfilm, gewann Preise und wurde häufig zitiert. Die Medien, das Kapitol und Akademiker wurden auf ihn aufmerksam...

Mit Emersons Berühmtheit wuchs auch die Kritik. Emersons Buch *The Fall of Pan Am 103* wurde von der *Columbia Journalism Review* kritisiert, die im Juli 1990 auf feststellte, dass einige Passagen „sowohl inhaltlich als auch stilistisch eine auffallende Ähnlichkeit" mit Artikeln aus dem *Post-Standard* in Syracuse, N.Y., aufwiesen. Journalisten der Zeitung aus Syracuse erzählten diesem Autor, dass sie Emerson bei einer Konferenz der Investigative Reporters and Editors in die Enge getrieben und ihn zu einer Entschuldigung gezwungen hätten.

Eine Rezension der *New York Times* (5/19/91) über sein Buch *Terrorism* (1991) kritisierte, dass es „mit sachlichen Fehlern... und einer allgegenwärtigen anti-arabischen und anti-palästinensischen Voreingenommenheit behaftet" sei. Sein 1994er PBS-Video *Jihad in America* (11/94) wurde wegen seines Sektierertums und seiner falschen Darstellungen kritisiert - der Journalistenveteran Robert Friedman (*The Nation*, 5/15/95) beschuldigte Emerson, „eine Massenhysterie gegen die amerikanischen Araber zu erzeugen".

... „Er ist ein Gift", sagt der investigative Autor Seymour Hersh auf die Frage, wie Emerson von seinen Journalistenkollegen wahrgenommen wird... [Emerson] hatte im November 1996 einen Erfolg in *The Pittsburgh Tribune-Review* (11/3/96) - im Besitz von Richard Mellon Scaife, einem rechtsgerichteten Clinton-Anhänger, der auch *Jihad in America* teilweise finanzierte.

Angesichts von Scaifes Mäzenatentum ist es nicht überraschend, dass Emerson erklärte, dass muslimische Terroristensympathisanten im Weißen Haus verkehrten. Einen ähnlichen Kommentar hatte Emerson drei Monate zuvor im *Wall Street Journal* (8/5/96) veröffentlicht, einem der wenigen regelmäßigen Absatzmärkte des Schriftstellers...

In dem Maße, wie Emersons Verantwortung anerkannt wurde, übergab er sein Sprachrohr an weniger umstrittene Weggefährten. Die pensionierten Bundesagenten Oliver „Buck" Revell und Steve Pomerantz, die eine Sicherheitsfirma leiten, griffen Emersons Äußerungen in einem Artikel der *Washington Post* vom 31. Oktober auf, in dem sie vor Verschwörungen und Tarnorganisationen warnten...

Revell gibt auch zu, dass ein weiteres Mitglied der Bruderschaft Yigal Carmon ist, ein rechtsgerichteter Kommandant des israelischen Geheimdienstes, der die Anwendung von Folter gebilligt hat (*Washington Post,* 5/4/95) und der sich in Emersons Wohnung in Washington aufgehalten hat, als er auf Reisen war, um den Kongress gegen Friedensinitiativen im Nahen Osten unter Druck zu setzen (*The Nation,* 5/15/95).

Vince Cannistraro, Berater von ABC und ehemaliger CIA-Beauftragter für Terrorismusbekämpfung, sagt über Emersons Verbündete Pomerantz, Revell und Carmon: „Sie werden von Israel finanziert: „Sie werden von Israel finanziert. Woher weiß ich das? Weil sie versucht haben, mich zu rekrutieren. Revell bestreitet Cannistraros Behauptung, weigert sich aber, über die Finanzen seiner Gruppe zu sprechen.

Emersons eigene Finanzierung ist unklar. Er hat Gelder von Scaife erhalten. Einige Kritiker Emersons vermuten israelische Unterstützung. *Die Jerusalem Post* (17.9.94) stellte fest, dass Emerson „enge Verbindungen zum israelischen Geheimdienst" hat.

„Er trägt den Ball für den Likud", sagt der investigative Journalist Robert Parry in Bezug auf die rechtsgerichtete israelische Regierungspartei. Victor Ostrovsky, der vom israelischen Geheimdienst Mossad übergelaufen ist und Bücher geschrieben hat, die dessen Geheimnisse aufdecken, nennt Emerson „die Hupe" - weil er die Behauptungen des Mossad trompetet.[116]

DER „GROSSVATER" DES ANTIARABISCHEN FANATISMUS

Emerson ist jedoch nicht der einzige Medienliebling, der als „Experte" für den Terrorismus und die arabische Welt angesehen wird. Prominenter als Emerson - und sicherlich im klassischen Sinne des Wortes breiter „geachtet" - ist der alternde Professor der Princeton University, Bernard Lewis.

Obwohl Lewis Jude ist und sein Sohn in der AIPAC, der Israel-Lobby in Washington, aktiv ist, werden diese beiden Details selten - wenn überhaupt - von den Medien erwähnt, die Lewis hochleben lassen und seine Bücher und Vorträge fördern, darunter insbesondere sein jüngstes Buch *What Went Wrong*, ein bösartiger Angriff auf die Geschichte des arabischen und muslimischen Volkes. Tatsächlich ist Lewis eine hochgelobte - wenn auch voreingenommene - Stimme der neokonservativen Bewegung.

---

[116] John F. Sugg, *Fair EXTRA*, Januar/Februar 1999, www.fair.org/extra/9901/emerson.html

Indem er in das eindrang, was der Autor als „die verdrehte Welt des Bernard Lewis" beschreibt, fasste Anis Shivani Lewis' Weltanschauung zusammen, die Araber und Muslime hasst:

> Lewis prägte den abscheulichen Ausdruck „Kampf der Kulturen" in seinem großartigen Artikel „The Roots of Muslim Rage" (Die Wurzeln der muslimischen Wut) im *Atlantic Monthly* vom September 1990. Der Artikel wurde nach dem Fall der Berliner Mauer veröffentlicht und bereitete die Identifizierung des neuen Feindes vor.

> In diesem Artikel lehnt Lewis alle offensichtlichen Erklärungen - z. B. das Versagen der amerikanischen Politik - ab und sucht nach „etwas Tieferem", das „jedes Problem unlösbar macht", ohne zu identifizieren, was dieses tiefere Etwas sein könnte. Er lehnt den Imperialismus als Erklärung für „Wut" und „Erniedrigung" ab und legt nahe, dass der Antiimperialismus eine religiöse [muslimische] Konnotation hat.

> In Werken wie *The Arabs in History* (1950), *The Emergence of Modern Turkey* (1961), *Semites and Anti-Semites* (1986), *The Jews of Islam* (1984) und *Islam and the West* (1993) hat Lewis aufgelistet, was er für die unheilbaren Pathologien der islamischen Welt in ihrem Zustand der suspendierten Erniedrigung hält.[117]

Ironischerweise weist Shivani darauf hin, dass Lewis' Postulat trotz seines Rufs als hochkarätiger Gelehrter auf einer recht beschränkten Grundlage beruht:

> In seinem neuen Buch beginnt Lewis seine Erzählung von dem, „was schief gelaufen ist", mit dem Beginn der

---

[117] Anis Shivani, Artikel in der Zeitschrift *Counterpunch* unter counterpunch.org, 14.-15. September 2002.

militärischen Rückschläge der Osmanen im 16. Jahrhundert und in den folgenden Jahrhunderten.

Lewis' Interpretation des Islam ist stark osmanisch geprägt und befasst sich kaum mit der Substanz der Zivilisationen in Südasien, Südostasien, Zentralasien, Persien oder Nordafrika, und doch extrapoliert er auf die gesamte islamische Welt im Laufe der Zeitalter.[118]

Mit Blick auf Lewis' tiefe Neigung, alle Errungenschaften und die bemerkenswerte Geschichte der arabischen und muslimischen Welt abzulehnen, kommt Shivani zu dem Schluss:

> Es ist das Modell, nach dem die Amerikaner auf einen finalen Angriff gegen diejenigen vorbereitet sind, die verrückt genug sind zu glauben, dass es eine Alternative zum amerikanischen Modell geben könnte.

> Alle muslimischen Modernisierungsversuche haben nur die tyrannische Macht des Staates vergrößert; die Schlussfolgerung ist, dass man ihnen ihre Macht nehmen und sie in Armut belassen muss. [119]

Trotz Lewis' offensichtlicher Voreingenommenheit - oder vielleicht gerade deswegen - spielte Lewis hinter den Kulissen eine Schlüsselrolle, indem er die Politik der Bush-Regierung, die zum Angriff auf den Irak führte, beeinflusste. Am 5. April 2003 beschrieb *die New York Times* Lewis' hetzerisches Buch *What Went Wrong*, dass es einen großen Einfluss auf das Denken der Bush-Regierung, insbesondere des Vizepräsidenten Dick Cheney, ausgeübt habe.

---

[118] *Ibid.*

[119] *Ibid.*

BERNARD LEWIS UND DER IMPERIALE TRAUM

Die *Times* enthüllte auch, dass Lewis noch vor den Terroranschlägen vom 11. September einer der Hauptteilnehmer einer wenig bekannten Studie war, die von Verteidigungsminister Donald Rumsfeld und seinem Stellvertreter Paul Wolfowitz gesponsert wurde und alte Imperien untersuchte, um „zu verstehen, wie sie ihre Herrschaft aufrechterhielten".[120]

Insbesondere beeilte sich die *Times* nicht, ihren amerikanischen Lesern zu erklären, warum die Vertreter ihrer Regierung - eines Regimes, das mit zahlreichen internen Problemen wie Analphabetismus, Arbeitslosigkeit, verfallender Infrastruktur, Armut und Krankheit zu kämpfen hat - sich für die alltäglichen historischen Machenschaften alter Imperien interessieren sollten.

Die Tatsache, dass Lewis dazu aufgefordert wurde, Ratschläge zu einem solchen Thema zu erteilen, zeigt jedoch, in welche Richtung die „Neokonservativen" gingen, lange vor der Tragödie des 11. September, die ihnen den Vorwand für ihr Handeln lieferte.

Um jeden Zweifel daran auszuschließen, dass Lewis' Ansicht nur eine von vielen ist, die von der Bush-Regierung berücksichtigt werden, beachten Sie, was der führende imperialistische „neokonservative" Ideologe der Bush-Regierung, Paul Wolfowitz, bei einer in Israel abgehaltenen Lewis-Tribute-Veranstaltung über Satellit bewundernd über Lewis sagte:

> Bernard Lewis hat die Beziehungen und Probleme des Nahen Ostens auf brillante Weise in ihren größeren Zusammenhang gestellt, mit einem wirklich objektiven, originellen und stets unabhängigen Denken. Bernard hat

---

[120] *New York Times*, 5. April 2003.

uns gelehrt, die komplexe und wichtige Geschichte des Nahen Ostens zu verstehen und sie als Wegweiser zu nutzen, um eine bessere Welt für künftige Generationen aufzubauen.[121]

Lamis Andoni, eine erfahrene Journalistin, die seit zwei Jahrzehnten für ein breites Spektrum von Publikationen über den Nahen Osten berichtet, lieferte einen besonders wertvollen Einblick in Lewis' Karriere als Verteidiger des neuen Imperialismus. Frau Andoni stellt fest, dass „Lewis nicht nur eine historische Rechtfertigung für den von Washington geführten „Krieg gegen den Terror" lieferte, sondern sich auch als führender Ideologe für die Rekolonialisierung der arabischen Welt durch eine US-Invasion im Irak etablierte".[122] Frau Andoni fasst Lewis' zweifelhaften Beitrag zur internationalen Freundschaft und Zusammenarbeit zusammen

> Lewis' Arbeit, insbesondere sein Buch *What Went Wrong: Western Impact and Middle Eastern Response*, war eine wichtige Quelle für etwas, das praktisch ein Manifest für die Befürworter einer militärischen Intervention der USA zur „Errichtung der Demokratie im Nahen Osten" ist. Mit seiner Feststellung, dass die Völker des Nahen Ostens, d. h. die Araber und Iraner, den Anschluss an die Moderne verpasst hätten und in eine „Abwärtsspirale aus Hass und Wut" geraten seien, entlastete Lewis sowohl die imperiale Politik der USA als auch lieferte er einen moralischen Imperativ für die Doktrinen der „Präventivschläge" und des „Regimewechsels" von Präsident George W. Bush.

---

[121] Zitiert von Lamis Andoni, in „Bernard Lewis: In the Service of Empire" online veröffentlicht auf *The Electronic Intifada*, 16. Dezember 2002 (siehe electronicIntifada.net).

[122] *Ibid.*

Tatsächlich war Lewis laut veröffentlichten Berichten und eigenen Aussagen an der Lobbyarbeit, der Entwicklung und Förderung der Politik der Bush-Regierung zugunsten Israels gegenüber den Palästinensern und dem aggressiven Einsatz von US-Militärgewalt in der Region beteiligt.

Sein Einfluss ist nicht nur das Ergebnis seiner akademischen Statur und seiner produktiven Schriften über den Islam, sondern vor allem das Ergebnis seiner Zugehörigkeit zu einer Allianz aus Neokonservativen und zionistischen Hardlinern, die es bis in die Schlüsselpositionen der Bush-Regierung geschafft haben.

Am 19. Februar [1998] unterzeichneten Vertreter der Allianz, darunter Lewis, [der spätere US-Verteidigungsminister Donald] Rumsfeld [und sein späterer stellvertretender Verteidigungsminister Paul] Wolfowitz und andere, einen Brief, in dem sie Präsident Bill Clinton dringend aufforderten, eine Militäroffensive, die auch umfassende Bombenangriffe umfasst hätte, zu starten, um das irakische Regime zu zerstören.

Lewis bietet eine „gelehrte" Berichterstattung für eine Lobby, die offen für die Umgestaltung der regionalen Landkarte eintritt, um „die arabische Bedrohung für Israel" zu beseitigen. Darüber hinaus betrachtet Lewis Israel und die Türkei als die einzigen echten Nationalstaaten in der Region und sieht seit dem Golfkrieg das Verschwinden und den Zerfall der arabischen Staaten voraus. Lewis, der während des Zweiten Weltkriegs für den britischen Geheimdienst gearbeitet hat, sehnt sich nicht nur nach einer vergangenen Epoche zurück, sondern stellt sich auch in den Dienst des neuen amerikanischen Imperiums, in der

Hoffnung, dass es die Fackel der Briten und Franzosen übernehmen wird.[123]

Der durchschnittliche Amerikaner, der die Promotion einer Person wie Bernard Lewis in den audiovisuellen Medien sieht, hat keine Ahnung, dass dieser „nette alte Herr" - der aussieht wie jemandes Großvater - in Wirklichkeit einer der Hauptanstifter der bösartigsten Art von Rassismus und religiösem Hass ist, die man sich vorstellen kann, und die Mainstream-Medien werden das nie aufdecken, zumindest nicht in Amerika.

DER SELTSAME FALL DES JARED TAYLOR

Auf einer viel niedrigeren Ebene und in einem sicherlich weniger medienwirksamen Ausmaß haben sich einige Elemente den Reihen der „neokonservativen" Elite angeschlossen, um antiarabischen und anti-muslimischen Hass zu fördern.

Während viele Amerikaner, die der sogenannten „extremen Rechten" angehören - nicht zu verwechseln mit der „neokonservativen" Bewegung um Richard Perle und William Kristol und ihre Verbündeten wie Steven Emerson und Bernard Lewis -, stark antizionistisch oder regelrecht antijüdisch eingestellt sind, gibt es eine Handvoll anderer sogenannter „rechter" Organisationen, die den antimuslimischen und antiarabischen Fanatismus der jüdischen Neokonservativen teilen.

Es gibt zum Beispiel eine ziemlich prominente Person, die von den Medien zwar oft als „Rassist" bezeichnet wird, es aber dennoch aktiv vermieden hat, Israel zu kritisieren, und die ein erklärter Feind der arabischen und muslimischen Einwanderer in Amerika ist. Es handelt sich dabei um Jared Taylor.

---

[123] *Ibid.*

Jared Taylor ist Chefredakteur einer unter dem Namen *American Renaissance* bekannten Publikation und wird von vielen seiner Kritiker weithin als Trumpfkarte der CIA angesehen.

Kritiker merken nicht nur an, dass er ein Absolvent von Yale ist, einem langjährigen Rekrutierungsort der CIA, sondern auch, dass er in der Geschäfts- und Finanzwelt des Fernen Ostens aktiv und erfolgreich gewesen ist. Darüber hinaus wurde ein von Taylor verfasstes Buch - *Paved With Good Intentions* -, *in dem behauptet wird*, dass schwarze Amerikaner den Weißen unterlegen seien, von *Commentary*, der neokonservativen Stimme des American Jewish Committee, die von Norman Podhoretz herausgegeben wird, begrüßt, der selbst seit den 1950er Jahren mit von der CIA finanzierten Aktivitäten in Verbindung gebracht wird.

Taylors Verbindungen zum „neokonservativen" Netzwerk und zur New Yorker Elite sind also sehr solide.

Und angesichts des Einflusses, den Taylor in einigen „rechten" amerikanischen Kreisen hat, die scheinbar unabhängig von der „neokonservativen" Elite sind - wie ein sogenannter „Konservativer Bürgerrat", dessen Direktor er ist - ist es klar, dass Taylors Stimme gehört wird und Wirkung zeigt. Zu einem bestimmten Zeitpunkt veröffentlichte Taylors Rat der konservativen Bürger auf seiner Website einen Artikel, in dem er die „dreckigen, verrotteten Araber und Muslime" angriff.

Die Akten zeigen, dass Taylor eine lange Geschichte von Angriffen auf Araber und Muslime hat. Bereits im November 1993 - vor fast zehn Jahren, lange vor den weit verbreiteten antimuslimischen Tendenzen in Amerika, die von den Mainstream-Medien insbesondere nach den Terroranschlägen vom 11. September 2001 geschürt wurden - veröffentlichte Taylors Zeitschrift *American Renaissance* einen Artikel mit dem Titel „Der Aufstieg des Islam in Amerika", in dem behauptet wurde: „Der Islam befindet sich an einem gefährlichen Schnittpunkt zwischen Rasse und Einwanderung", und erklärte: „Der Aufstieg des Islam in Amerika":

Der Islam in seinen verschiedenen Formen befindet sich im Schnittpunkt der beiden dogmatisch aufgeladensten und selbstzerstörerischsten Politikbereiche der USA: Einwanderung und Rassenbeziehungen. Die Einfuhr von Scharen dunkelhäutiger Fanatiker, die bereit sind, sich gegenseitig - und uns - wegen obskurer Konflikte in der Levante zu töten, ist die reinste Idiotie. Ist nicht aufgefallen, dass die Menschen im Nahen Osten ihre Streitigkeiten nicht nur in ihren eigenen Ländern, sondern auch in Europa austragen? Fanatische zu importieren, die denselben Gott anbeten wie die Black Muslims, ist Idiotie auf Stelzen.[124]

Ein von Taylor gesponsertes Festival des Hasses gegen Muslime in der Gegend von Washington, D.C., am Wochenende des 22. Februar 2002 ließ die Alarmglocken über Taylors geheime Absichten schrillen. *Die* in Washington, D.C., ansässige *American Free Press* berichtete Folgendes:

Wenn Sie Jared Taylors jüngsten Vortrag bei American Renaissance betreten hätten, hätten Sie glauben können, auf einer pro-israelischen Kundgebung zu sein, so allgegenwärtig war die anti-muslimische Rhetorik. Der Ansatz von Jared Taylor, der sich selbst als „in der Stadt" bezeichnet, knüpft an das Thema der israelischen Propaganda an, wonach die islamische Religion die Hauptursache für die Tragödie vom 11. September ist, und nicht die pro-israelische Politik der USA im Nahen Osten.

Einer der Teilnehmer des Treffens, der junge Bill White, beschrieb Taylors Treffen auf seiner Website (White) overthrow.com. Während er die Veranstaltung interessant fand, sagte White - ein erklärter Antizionist -, was ihn am meisten beunruhigt habe, sei „die entschieden anti-

---

[124] American Renaissance, *November 1993.*

schwarze und anti-islamische Ausrichtung der Konferenz"
gewesen.

Der Schwerpunkt lag auf dem Islam und den Schwarzen
und wie schlecht und bedrohlich sie sind, ohne ein einziges
Wort über die Juden und ihren Einfluss in der Politik zu
verlieren. Alle Redner gingen nicht auf die zionistisch-
israelische Frage ein oder taten dies in philo-semitischen,
schmeichelnden, falschen und lächerlichen Begriffen". Alle
Redner auf Taylors Konferenz, mit Ausnahme eines
einzigen, waren laut White anti-noir und anti-
muslimisch.[125]

Vielleicht im Einklang mit seiner entschieden antimuslimischen
Haltung hatte Taylor bereits bei einer früheren Konferenz einen
pro-zionistischen New Yorker Rabbiner, Meyer Schiller, als
Hauptredner eingeladen.

Die Zeitung *The Forward,* eine wichtige amerikanisch-jüdische
Publikation, erklärte, Schiller berichte, dass sein Einfluss auf
Taylor dazu beigetragen habe, bei Taylor positive Gefühle für die
amerikanisch-jüdische Sache zu wecken, und so dazu beigetragen
habe, andere Amerikaner, die Taylors Lehren folgen, zu
ähnlichem Denken anzuregen.

Obwohl Taylor, nachdem er von vielen seiner Geschäftspartner
weitgehend kritisiert worden war, seither einige Vorschläge
gemacht hat, die darauf hindeuten, dass die amerikanische Politik
gegenüber Israel und der arabischen Welt die Terroranschläge
vom 11. September stimuliert haben könnte, lässt er in seinen
Angriffen auf muslimische Einwanderer nicht nach und spielt
damit der zionistischen Sache in die Hände.

---

[125] *American Free Press,* 11. März 2002.

Ironischerweise hat Taylor zwar viel Energie darauf verwendet, Muslime zu verunglimpfen, doch sein engster Freund und langjähriger politischer Weggefährte Mark Weber umwirbt eifrig die muslimische Welt, während er sich selbst als „Antizionist" bezeichnet, was einige Leute dazu veranlasst, die wahre Natur der Taylor-Weber-Agenda in Frage zu stellen.

Weber ist heute vor allem dafür bekannt, dass er zu einer kleinen Gruppe gehörte, die unter der Leitung des bekannten langjährigen CIA-Agenten Andrew E. Allen, die Zerstörung der Zeitung *The Spotlight* orchestrierte, damals die einzige unabhängige amerikanische Zeitung, die regelmäßig und energisch Fragen auf der unausgewogenen Politik der USA gegenüber Israel und der arabischen und muslimischen Welt aufwarf.

Taylor und seinesgleichen sind also Teil einer großen bösartigen Anstrengung, die arabischen und muslimischen Völker zu diffamieren, und die Wahrheit ist, dass ihre Auswirkungen zu einem kritischen Zeitpunkt spürbar werden, an dem die zionistische Lobby es für lebenswichtig hält, ihre „Agenten" selbst in den kleinsten - aber immer noch leicht einflussreichen - Gruppen Amerikas zu haben.

Diese Personen nutzen ihren Einfluss (wie gering er auch sein mag), um die Amerikaner und andere Westler dazu zu bringen, Israel zu begünstigen, indem sie Araber und Muslime angreifen, was sich als entscheidend für Israels imperiale Ziele erweist, und zwar gemeinsam mit den neokonservativen Manipulatoren, die derzeit die US-Außenpolitik beherrschen.

IST DER 11. SEPTEMBER DAS „NEUE PEARL HARBOR"

Am 12. Dezember 2002 beschrieb der Journalist John Pilger im *New Statesman* in beunruhigenden Worten, wie William Kristols Project for the New American Century feststellte, dass Amerika ein „neues Pearl Harbor" als Vorwand für einen Wettlauf um die Weltherrschaft benötige. Das von Kristol und seinen Partnern vorgebrachte Thema lautete, dass ein solch katastrophales Ereignis Amerika die Gelegenheit bieten würde, seine militärischen Kräfte erneut zu stärken.

Am 3. Juni 1997 - drei Jahre bevor George W. Bush Präsident wurde und die Neokonservativen an die Macht brachte - unterzeichneten eine Reihe von Neokonservativen, darunter Donald Rumsfeld, Dick Cheney und Paul Wolfowitz, eine von Kristols Organisation herausgegebene „Grundsatzerklärung".

In der Erklärung wurde das Ziel formuliert, die militärische Macht der USA zu stärken, um sicherzustellen, dass die USA ihre globale Hegemonie fortsetzen können, ohne Behinderung durch eine oder mehrere Nationen, die es wagen, sich der Agenda der amerikanischen Führungselite zu widersetzen - was zweifellos eine Erklärung imperialer Ziele darstellt.

Ein späterer Entwurf - datiert auf September 2000 - von Kristols Project for the New American Century mit dem Titel „Rebuilding America's Defenses: Strategies, Forces and Resources for a New Century" (Amerikas Verteidigung wieder aufbauen: Strategien, Kräfte und Ressourcen für ein neues Jahrhundert) enthielt einen Plan, wie die USA die militärische Kontrolle über die Golfregion übernehmen könnten, unabhängig davon, ob Saddam Hussein an der Macht ist oder nicht. Er behauptete offen, dass die Notwendigkeit der USA, im Persischen Golf (d. h. dem Arabisch-Persischen Golf) präsent zu sein, über die Frage, ob Saddam Hussein an der Macht bleibt oder nicht, hinausgehe.

Um diesen Traum zu verwirklichen, erklärten Kristol und seine Partner, dass die Vereinigten Staaten bereit sein müssten, an mehreren Orten zur gleichen Zeit und weltweit zu kämpfen. Um diese Fähigkeit zu erreichen, so erklärten sie, müsse sich Amerika auf eine umfassende Transformation seiner Armee einlassen, die mit einer massiven Anhäufung von Waffen einhergehe. Allerdings, so schlussfolgerten sie, „wird der Transformationsprozess wahrscheinlich langwierig sein, wenn es nicht zu einem katastrophalen, katalysierenden Ereignis wie einem neuen Pearl Harbor kommt".

Da die tragischen Ereignisse vom 11. September 2001 genau das „neue Pearl Harbor" darstellten, das einen massiven Aufmarsch auslöste, begleitet vom „Krieg gegen den Terror", der sich - unter dem Einfluss der Neokonservativen - zu einem imperialen Krieg entwickelte, der sich zunächst gegen den Irak und dann gegen den Rest der arabischen und muslimischen Welt richtete, fragen sich viele Amerikaner und andere Menschen, ob die Anschläge vom 11. September nicht von den USA und/oder der Regierung Israels, die entweder gemeinsam oder allein handelten, angezettelt und/oder in Auftrag gegeben worden waren. Diese Personen werden trotz der Tatsachen als „Verschwörungstheoretiker" und/oder „Hass-Säer" denunziert.

(Der Sonderbericht der *American Free Press* [AFP] - mit dem Titel „Fifty Unanswered Questions About 9-11" (Fünfzig unbeantwortete Fragen zum 11. September) - enthält eine Fülle von Informationen zu diesem Thema, die in den traditionellen US-Medien bemerkenswerterweise nicht erwähnt wurden. Die Arbeit des internationalen AFP-Korrespondenten Christopher Bollyn wurde oft als eine der direktesten zitiert, die das offizielle Szenario der US-Regierung über die Geschehnisse an diesem tragischen Tag in Frage stellen).

EIN SZENARIO ZUR SCHAFFUNG VON TERRORISMUS...

Viele Amerikaner, die ein solches Szenario vermuten, weisen darauf hin, dass es Beweise dafür gibt, dass amerikanische Beamte in den letzten Jahren ernsthaft über die Möglichkeit von Terrorakten auf amerikanischem Boden nachgedacht haben. Das am häufigsten zitierte Buch ist das des erfahrenen und angesehenen Journalisten James Bamford, *Body of Secrets*, das 2001, kurz vor den Anschlägen vom 11. September, veröffentlicht wurde.

In diesem Buch enthüllte Bamford, dass führende US-Politiker bereits im Januar 1961 einen schrecklichen Plan planten, um Terroranschläge auf US-Bürger zu verüben und das kommunistische Kuba unter Fidel Castro dafür verantwortlich zu machen.

Obwohl Bamfords Buch in den Medien etwas Beachtung fand, wurden Bamfords schockierende Enthüllungen über die Terrorkampagne, die der damalige Vorsitzende des Generalstabs, Armeegeneral Lyman Lemnitzer, vorgeschlagen hatte, weitgehend verschwiegen.

Lemnitzer, der angeblich Jude ist, gehörte später dem neokonservativen Committee on the Current Danger an, der Gruppe zur öffentlichen Verteidigung der Politik, die durch das Experiment des B-Teams von Richard Perle, das zuvor auf diesen Seiten beschrieben wurde, in den Vordergrund gerückt wurde. Wie dem auch sei, hier ist, was Bamford schrieb

> Laut Dokumenten, die *Body of Secrets* vorliegen, schlugen Lemnitzer und die Stabschefs insgeheim vor, einen Angriff auf den US-Marinestützpunkt Guantanamo Bay auf Kuba zu organisieren und dann die Verantwortung für diese Gewaltaktion Castro in die Schuhe zu schieben. In der Überzeugung, Kuba habe einen unprovozierten Angriff auf die Vereinigten Staaten gestartet, würde die amerikanische Öffentlichkeit, ohne es zu wissen, dann den blutigen Krieg unterstützen, den die Generalstabschefs in der Karibik führten. Wer würde schließlich Castros Dementis eher glauben als den Worten der obersten Militärkommandeure des Pentagons? Den höchsten Militärs des Landes wurde vorgeschlagen, einen Krieg zu beginnen, der zweifellos viele US-Soldaten töten würde, und zwar allein auf der Grundlage eines Lügengebäudes. Am 19. Januar, wenige Stunden bevor Präsident Dwight Eisenhower sein Amt niederlegte, stimmte Lemnitzer dem Vorschlag zu. Im

Laufe der Ereignisse wurde der Plan nur die Spitze eines sehr großen und streng geheimen Eisbergs.[126]

Da Lemnitzer sich selbst als „phantasievollen Planer" beschrieb, behielt er seinen ursprünglichen Plan in Reserve. Nach dem Schweinebucht-Fiasko der neuen Kennedy-Regierung, das Fidel Castro stärker als je zuvor machte, ließ Lemnitzer seinen Plan jedoch unter dem Namen „Operation Northwoods" wieder aufleben. Bamford berichtet, dass:

> Dieser Plan, der die schriftliche Zustimmung des Präsidenten und aller Mitglieder des Generalstabs erhalten hatte, sah vor, unschuldige Menschen auf amerikanischen Straßen zu erschießen, Schiffe mit Flüchtlingen, die aus Kuba geflohen waren, auf hoher See zu versenken und eine Welle des gewalttätigen Terrorismus in Washington, D.C., Miami und anderswo auszulösen. Personen würden beschuldigt, Bombenanschläge verübt zu haben, die sie nicht begangen haben; Flugzeuge würden entführt. Mithilfe gefälschter Beweise würde all dies Castro in die Schuhe geschoben, wodurch Lemnitzer und seine Kabale die Ausrede sowie die öffentliche und internationale Unterstützung erhielten, die sie brauchten, um ihren Krieg zu beginnen.[127]

Umso beunruhigender ist es, dass es sich hierbei nicht um ein weit hergeholtes Projekt von „verrückten Bombenlegern" innerhalb der Armee handelt. Laut Bamford „könnte die Idee tatsächlich von Präsident Eisenhower in den letzten Tagen seiner Amtszeit lanciert worden sein".[128]

---

[126] James Bamford, *Body of Secrets*. (New York: Doubleday, 2001), S. 71.

[127] *Ibid*. S. 82.

[128] *Ibid*.

Bamford berichtet, dass Eisenhower entschlossen war, in Kuba einzumarschieren, und dass Eisenhower, falls Castro bis zur Amtseinführung des neu gewählten Präsidenten John F. Kennedy keine Entschuldigung liefern würde, vorschlug, dass die Vereinigten Staaten „darüber nachdenken könnten, etwas herzustellen, das allgemein akzeptabel wäre".[129]

Was Eisenhower vorschlug, schrieb Bamford, war „eine Bombardierung, ein Angriff, ein Sabotageakt, der heimlich von den Vereinigten Staaten gegen die Vereinigten Staaten geführt wurde. Sein Zweck wäre es, den Ausbruch eines Krieges zu rechtfertigen. Es war ein gefährlicher Vorschlag eines verzweifelten Präsidenten". [130] Lemnitzer, ein Schützling Eisenhowers, will den Plan unbedingt umsetzen.

Lemnitzer hatte auch die Möglichkeit eines Terrorismus auf amerikanischem Boden im Auge, der von Amerikanern gegen Amerikaner verübt, aber Castro angelastet wurde. Diese terroristische Verschwörung gegen seine amerikanischen Landsleute wurde auch von Lemnitzer und seinen Beratern angesprochen, die Folgendes vorschlugen:

> Wir könnten eine kubanisch-kommunistische Terrorkampagne in der Region Miami, in anderen Städten Floridas und sogar in Washington entwickeln. Die Terrorkampagne könnte sich gegen kubanische Flüchtlinge richten, die in den USA Zuflucht suchen.... Wir könnten ein Boot mit Kubanern auf dem Weg nach Florida versenken (echt oder simuliert).... Wir könnten Mordversuche an kubanischen Flüchtlingen in den USA fördern, bis hin zur

[129] *Ibid*, S. 83.

[130] *Ibid*.

Verletzung von Menschen in Fällen, die in den Medien breit diskutiert würden.[131]

Bombenanschläge und insbesondere die Entführung von Flugzeugen wurden vorgeschlagen. Es ist nicht bekannt, ob Lemnitzers Vorschläge Präsident Kennedy erreichten, schreibt Bamford, aber es ist klar, dass der Präsident von dem kriegslüsternen General, dem er eine zweite Amtszeit als Vorsitzender der Generalstabschefs verweigert hatte, nicht begeistert war.

Dennoch formulierten „Intellektuelle" im Verteidigungsestablishment in der Tradition Lemnitzers weiterhin Pläne, die an die militärische Führung weitergeleitet wurden und darauf abzielten, durch einen inszenierten Terroranschlag einen Krieg herbeizuführen. Letztendlich scheint jedoch kein derartiger Plan über das Planungsstadium hinausgekommen zu sein, zumindest was Kuba betrifft.

Es stellt sich die Frage, ob am 11. September 2001 ein anderer, ähnlich heimtückischer Plan zu Ende geführt wurde. Viele Amerikaner werden sich auch weiterhin fragen, ob genau das geschehen ist, und es tauchen immer wieder Beweise auf, die darauf hindeuten, dass es tatsächlich so war.

EIN VIEL WICHTIGERES SPIEL GESPIELT WIRD

Bereits 1975 sahen führende imperialistische Politiker wie Henry Kissinger in einem potenziellen Krieg im Nahen Osten ein Mittel, um einen globalen imperialen Hegemon zu errichten.

Tatsächlich scheint das Drehbuch darauf hinzudeuten, dass der gesamte israelisch-arabische Konflikt um Palästina von Anfang

---

[131] *Ibid*, S. 84-85.

an mit dem konkreten Ziel angezettelt wurde, einen Weltkrieg zu entfachen.

Dieses aufschlussreiche Szenario wurde in den erstaunlichen (und wahrscheinlich kaum gelesenen) letzten Absätzen eines heute längst vergessenen Buches aus dem Jahr 1975 dargestellt: *„ The Arabs: Their History, Aims and Challenge to the Industrialized World"* (Die Araber: Ihre Geschichte, ihre Ziele und ihre Herausforderung für die industrialisierte Welt) von Thomas Kiernan, einem pro-zionistischen amerikanischen Schriftsteller.

Obwohl Kiernan den hochrangigen Politiker, der diesen erstaunlichen geopolitischen Plan darlegte, nicht nannte, beschrieb er die Person, die diese Weltanschauung behauptete, als „einen hochrangigen Beamten des US-Außenministeriums, der in den letzten zwei Jahren eine zentrale Rolle bei Henry Kissingers Vermittlungsbemühungen gespielt hat".

Diese Beschreibung könnte natürlich auch Kissinger selbst einschließen, und genau genommen war der Redner wahrscheinlich Kissinger. Falls nicht, spiegelte der Redner sicherlich Kissingers Denken als Schlüsselfigur in Kissingers globalen Machenschaften wider.

Als Antwort auf eine Frage Kiernans, ob der Nahostkonflikt ohne Weltkrieg gelöst werden könne, behauptete der Redner (vielleicht Kissinger):

> Die Entwicklung der Ereignisse im Nahen Osten in diesem Jahrhundert kann mit dem Bau einer - wenn man es sich vorstellen kann - umgekehrten Pyramide verglichen werden.

> Die Spitze, die sich im Fall einer solchen Pyramide als ihre Basis herausstellt, wurde durch den unvermeidlichen Konflikt zwischen den Bedürfnissen und dem Ehrgeiz ausländischer Zionisten auf der einen Seite und dem Stolz

und dem Streben der einheimischen Araber auf der anderen Seite gebildet.[132]

Beachten Sie, dass der Redner zugibt, dass der Konflikt, der sich aus der Einfügung des zionistischen Staates in das arabische Gebiet Palästinas ergab, „unvermeidlich" war. Manche behaupten seit einer Generation, dass dies der ganze Zweck der provokativen Gründung Israels gewesen sei. Der Redner fuhr fort:

> Als die Pyramide wuchs, wurden die Steine jeder ihrer aufeinanderfolgenden Etagen mit anderen Elementen angereichert - den Leidenschaften und Bedürfnissen anderer ausländischer Interessen, den Leidenschaften und Bestrebungen anderer nationaler Gruppen innerhalb der arabischen Welt. Jede aufeinanderfolgende Etage saugte einen größeren Teil der Welt an. Heute ist die Pyramide vollendet. Und sie steht da und balanciert inkongruent auf ihrer Spitze, wobei ihre vier Seiten sich nach oben und nach außen in jeden Winkel der Welt erstrecken.[133]

Mit anderen Worten: Die Krise im Nahen Osten begann, den Rest der Nationen der Welt in ihren Bann zu ziehen, wie es heute bei dem andauernden Kampf zwischen den USA und traditionellen Verbündeten wie Frankreich und Deutschland, ganz zu schweigen von der Opposition Russlands und Chinas, um die Frage des Krieges gegen den Irak - ein Auswuchs des israelisch-palästinensischen Konflikts selbst - der Fall ist. Das beschriebene Szenario setzt sich fort

---

[132] Thomas Kiernan. *The Arabs.* (Boston: Little Brown & Company, 1975), S. 425.

[133] *Ibid.*

Wir alle wissen, dass es für eine Pyramide unmöglich ist, frei auf dem Kopf zu stehen. Bisher wurde sie an ihren vier Ecken vom Rest der Welt gestützt.

Obwohl er manchmal auf unsichere Weise kippte, gelang es ihm, mehr oder weniger aufrecht zu bleiben. Doch die Anstrengung, ihn aufrecht zu halten, erlegte denjenigen, die ihn stützten, eine immer größere Anspannung auf.

Spannungen werden auf zwei Arten gelöst, sagen uns unsere Psychologen. Die eine ist die Explosion. Die andere ist der Rückzug. Der Kampf- oder Fluchtmechanismus, der zum Reaktionssystem eines jeden Menschen gehört.

Nun liegt es an Ihnen, es mir zu sagen. Wird das Problem friedlich gelöst werden? Oder wird ein Weltkrieg nötig sein, um es zu lösen

Wenn meine Analogie richtig ist, kann das Endergebnis nicht in Frage gestellt werden.[134]

Mit anderen Worten: Aus dem israelisch-arabischen Konflikt soll ein Weltkrieg resultieren. Das Szenario setzt sich fort:

Auf die eine oder andere Weise - ob die eine oder andere Seite ihre Unterstützung für die Pyramide lockert und sich zurückzieht, oder ob die eine oder andere Seite sich dafür entscheidet, ihre Spannung durch einen Ausbruch zu beseitigen - wird die Pyramide ihr Gleichgewicht verlieren und zusammenbrechen.

Auf die eine oder andere Weise wird die Lösung der Situation aus dem Staub und den Trümmern der Pyramide hervorgehen, die zusammengebrochen ist. Der israelisch-

---

[134] *Ibid*, S. 426.

arabische Konflikt, der der Ursprung von allem ist, wird in Vergessenheit geraten.[135]

Erneut wurde angedeutet, dass der israelisch-arabische Konflikt das Herzstück des in diesem beängstigenden Szenario beschriebenen Weltkriegs ist. Das Drehbuch kam zu dem Schluss:

> Der Osten und der Westen müssen sich mit den Resten begnügen, wie Bussarde, die sich von Aas ernähren. Zumindest, wenn es den Osten und den Westen noch gibt.[136]

Beachten Sie die Worte am Ende: „wenn es noch einen Osten und einen Westen gibt". Welche Nationen werden als „Osten" und welche als „Westen" verbündet sein

Zeichnen sich neue Ausrichtungen ab, die an die Stelle der traditionellen Epoche des Kalten Krieges „USA gegen UdSSR" treten

Ist die arabische Welt - wie der Rest der Menschheit - nur eine Schachfigur in einem viel größeren Spiel, in dem die Neokonservativen nur die Instrumente sind

Das endgültige Ergebnis des Strebens nach einem Weltreich, das von der amerikanischen Militärmacht in den Händen einiger Privilegierter, einer Clique knallharter neokonservativer Kriegsfalken, den „Hohepriestern des Krieges", diktiert wird, bleibt abzuwarten. Nach dem, was wir bislang gesehen haben, wurde jedoch viel Blut vergossen und wird auch weiterhin fließen.

---

[135] *Ibid.*

[136] *Ibid.*

Amerikas katastrophales Abenteuer im Irak steht erst am Anfang. Seit George W. Bush den „Sieg" im Irak erklärt hat, sind die Dinge nur noch schlimmer geworden. Der kurzlebige Triumph von Amerika hat sich in ein vietnamesisches Debakel verwandelt, und die Leichensäcke werden immer noch nach Hause getragen.

Der neokonservative Mythos von Saddams „Massenvernichtungswaffen" wurde schon lange zur Lüge erklärt, von der gut informierte Menschen wussten, dass sie existiert. Viele Amerikaner an der Basis erkennen nun, dass der Vorwand für den Krieg gegen den Irak nichts anderes als schlicht und einfach altmodische Lügen und Propaganda war.

Die Wahrheit ist, dass der Präsident der Vereinigten Staaten das amerikanische Volk und die ganze Welt belogen hat. Er wurde von seinen neokonservativen Beratern - allesamt Lügner - beeinflusst, und sie haben tatsächlich den Boden für den Tod einer wachsenden Zahl von Amerikanern und Menschen auf der ganzen Welt bereitet. Ein globaler Flächenbrand könnte in der Tat das Endergebnis sein.

Es gibt absolut nichts „Amerikanisches" oder „Patriotisches" in den ideologischen, religiösen oder geopolitischen Beweggründen der neokonservativen Hohepriester des Krieges, obwohl sie heute behaupten, die wahren Patrioten, die wahren Führer und die wahren Kämpfer für die amerikanischen Traditionen zu sein. Nichts könnte falscher sein.

Amerika - und der Welt - ist am besten gedient mit einem ehrlichen und unerschütterlichen Willen, diese Raubtiere ein für alle Mal auszutreiben.

Der Zeitpunkt ist in der Tat gekommen. **Es muss etwas** getan **werden.**

EIN LETZTES WORT...

Wer wird Amerika anführen... wenn Amerika die Neue Weltordnung anführt

Eine Untersuchung der „geheimen Agenda hinter der Agenda" der Hohepriester des Krieges.

Die Vereinten Nationen - so wie wir sie kannten - können tatsächlich als ein Gespenst der Vergangenheit betrachtet werden. Die Vereinten Nationen wurden von den Eine-Welt-Träumern, die einst in dieser Weltorganisation das Mittel zur Errichtung eines globalen Hegemons sahen, in die Ecke gedrängt, ins Abseits gestellt und - zumindest zeitweise - in den Papierkorb geworfen. Die Imperialisten von heute betrachten Uncle Sam nun als ihren offiziell ernannten Weltpolizisten oder, in ihren akademischeren Begriffen, als „Zentrum eines neuen internationalen Systems".[137] Das Ziel ist „eine Welt, die nach Amerika aussieht und daher für alle sicher ist".

Doch trotz der Rhetorik - die vielen grundlegenden amerikanischen Patrioten (oder denen, die sich dafür halten) gefallen könnte - ist die Situation nicht so einfach. Diese Agenda ist komplexer, als es zunächst den Anschein hat.

---

[137] Sofern nicht anders angegeben, stammen die folgenden Zitate aus dem *Journal of International Security Affairs* vom Sommer 2003, das vom Jewish Institute for National Security Affairs in Washington, D.C. herausgegeben wird. Siehe ihre Website unter JINSA.org.

Was man als Großen Plan für eine neue Weltordnung - im Zuge der neuen „imperialen" Rolle Amerikas - bezeichnen könnte, wurde in aller Offenheit in einem wichtigen zweiteiligen Grundsatzpapier dargelegt, das in den Sommer- und Winterausgaben 2003 und 2004 des *Journal of International Security Affairs* veröffentlicht wurde, dem internen Organ des definitiv einflussreichen Jüdischen Instituts für Nationale Sicherheitspolitik (JINSA), das immer wieder auf den Seiten von *The High Priests of War (Die Hohepriester des Krieges)* zitiert wurde.

Einst ein wenig bekannter Think Tank in Washington, wird das JINSA heute oft öffentlich als die vielleicht spezifischste leitende Kraft der aktuellen Außenpolitik der Bush-Regierung anerkannt. Wenn ein Artikel von JINSA veröffentlicht wird, hat er folglich großes Gewicht.

Der Autor, Alexander H. Joffe, ein pro-israelischer Akademiker, hat bereits auf den Seiten dieser JINSA-Publikation geschrieben, und die Tatsache, dass ihm so viel Raum gegeben wurde, um seine Theorien anzupreisen, spiegelt sicherlich die hohe Wertschätzung wider, die seinen Ansichten entgegengebracht wird.

Joffes zweiteilige Serie trug den Titel „Das Imperium, das nicht wagte, seinen Namen auszusprechen". In seinem Essay gibt Joffee offen zu, dass „Amerika ein Imperium ist", und behauptet, ja, das sei eine sehr gute Sache.

Joffe behauptet, dass, als die UN es wagte, den Zionismus anzugreifen, dies das Ende der UNO in den Köpfen der Internationalisten einläutete. Joffe schreibt:

Das Ende der Generalversammlung als glaubwürdiges Organ lässt sich plausibel auf die berüchtigte Resolution „Zionismus ist Rassismus" aus dem Jahr 1975 zurückführen. Der JINSA-Autor behauptet, dass die Welt „dankbar" sein sollte, dass die Vereinten Nationen „diskreditiert, zu einer Farce degradiert und schließlich gelähmt" wurden, womit er sich natürlich auf die Positionen der

Vereinten Nationen bezieht, die die Zionisten und ihre Verbündeten in der Weltreichsbewegung als beleidigend empfinden.

Nachdem die UNO als Vehikel für eine Weltregierung auf Eis gelegt wurde, schreibt Joffe, „haben wir nun die Gelegenheit und die Pflicht, neu anzufangen". Er warnt jedoch davor, dass die aufstrebende Europäische Union (EU) eine Bedrohung für den Traum von einem Weltreich darstellt.

Der JINSA-Autor behauptet, die EU sei eine „alternative Vision für die internationale Gemeinschaft", die, wie er sagt, offen gesagt „das authentische Gegengewicht zum amerikanischen Imperium" sei. Nach Ansicht des zionistischen Autors besteht das größte Problem Europas und der EU darin, dass „die Kultur nach wie vor im Mittelpunkt der Probleme Europas steht". Der Nationalismus ist eine Doktrin, die in Europa geboren wurde, ebenso wie ihre bösartigen Mutanten: der Faschismus und der Kommunismus".

(Anmerkung: Als glühender Verfechter des israelischen Supernationalismus scheint der Autor Joffe den Mangel an Logik in seinem Angriff auf den Nationalismus *anderer* Völker nicht zu sehen - aber auch hier war Ehrlichkeit noch nie ein integraler Bestandteil der Ansichten von Hardcore-Zionisten).

Joffe beklagt, dass, obwohl „das neue europäische Reich in der Theorie multikulturell ist... in Wirklichkeit wird es politisch und kulturell von Frankreich und wirtschaftlich von Deutschland dominiert". In der heutigen EU, so sagt er, „wurde, getrieben von einem postkolonialen Schuldgefühl und der Langeweile der Nachkriegszeit, die Tür für alle Ideen geöffnet. Auf den unheilvollsten Ebenen hat sie eine gewaltige Explosion ungeordneten Denkens und Handelns zugelassen und sogar legitimiert, nämlich Antiamerikanismus, Antisemitismus und eine Vielzahl von Verschwörungstheorien".

(Die sogenannten „Verschwörungstheorien", die diesen zionistischen Theoretiker so beunruhigen, sind diejenigen, die es wagen, die „offiziellen" Ansichten darüber, was am 11. September 2001 wirklich geschah, in Frage zu stellen. Er regt sich auf, weil Millionen von Menschen in Europa und der muslimischen Welt - ganz zu schweigen von den USA - Fragen über das Vorwissen und/oder die Beteiligung Israels an diesen Ereignissen aufgeworfen haben).

In jedem Fall ist das, was Joffe als „die andere Art des liberalen Internationalismus" beschreibt, das, was die zionistische Bewegung fördert, und Joffe definiert es wie folgt

> Das US-Imperium hat keine realen oder theoretischen Konkurrenten. Das Ziel des amerikanischen Imperiums im 21. Jahrhundert ist nicht die territoriale Kontrolle oder die Ausbeutung von Ressourcen, sondern eine politische und wirtschaftliche Führung, die die amerikanischen Interessen verteidigt und vorantreibt und die Entwicklung und das Wohlergehen aller Nationen fördert. Angesichts unserer Geschichte und unserer Werte liegt diese Zukunft darin, das amerikanische Imperium so zu nutzen, dass es die Grundlage für ein neues demokratisches internationales System bildet.

> Letztendlich wird die einzige Antwort für einen stabilen und wohlhabenden Planeten ein Weltsystem sein, das strukturell und moralisch der Amerikanischen Union ähnelt - halbautonome Staaten mit säkularen und liberalen demokratischen Systemen; wo Staaten sowohl vorgeschriebene Rechte als auch vereinbarte Verantwortlichkeiten in einem breiteren säkularen und liberalen demokratischen Rahmen haben; ein System, das mit Checks and Balances und bedeutsamen Institutionen ausgestattet ist; mit einer Regierungsführung, die auf Rechtsstaatlichkeit und toleranten und pluralistischen Werten beruht.

Im zweiten Teil seines Essays, der in der Winterausgabe 2004 der JINSA-Zeitschrift veröffentlicht wurde, setzte Joffe diese

Denkweise fort, indem er seinen Aufruf zu etwas, das er als „ein Imperium, das Amerika ähnelt" beschreibt, weiter ausbaute.[138]

Überraschenderweise spricht Joffe offen über die Beteiligung der USA an massiven imperialen Eroberungen in den von Konflikten zerrütteten Regionen Afrikas, wahrscheinlich nachdem die USA bereits in den arabischen Ländern des Nahen Ostens gewütet haben:

> Die Bedingungen, unter denen Amerika und seine Verbündeten die Kontrolle über die afrikanischen Länder einfach übernehmen und sie wiederherstellen würden, sind alles andere als klar. Wie hoch sind die Schwellenwerte für Interventionen? Wie sehen die Verfahren und die Ergebnisse aus? Wer kämpft und wer zahlt? Die Wiederherstellung Afrikas wäre mit langfristigen Verpflichtungen und immensen Kosten verbunden, die nur von Afrika selbst bezahlt werden könnten. Mit anderen Worten: Sie würde wahrscheinlich eine wirtschaftliche Kontrolle durch die USA erfordern, ebenso wie eine politische und kulturelle Kontrolle. Der Kolonialismus zahlt sich immer nach und nach aus, und das ist nicht schön. Die Frage ist, ob Afrika den Preis zahlen kann (oder es sich leisten kann, es nicht zu tun) und ob Amerika den Magen dafür hat.

Natürlich ist Afrika nicht das einzige Ziel von Joffe und seinesgleichen (und genau das sind sie auch, so „extrem" man diesen Begriff auch empfinden mag). Tatsächlich spricht Joffe von einem riesigen globalen Programm, das weit über den afrikanischen Kontinent hinausgeht.

---

[138] Sofern nicht anders angegeben, stammen die folgenden Zitate aus dem *Journal of International Security Affairs* vom Winter 2004, das vom Jewish Institute for National Security Affairs in Washington, D.C. herausgegeben wird. Siehe ihre Website unter JINSA.org.

Joffe lässt jedoch schließlich die Katze aus dem Sack, was die wahren Absichten derjenigen betrifft, die die militärische Macht der USA als Mechanismus zur Erreichung eines größeren Ziels einsetzen. „Neue Vereinbarungen", sagt er, „müssen unter der Ägide der Vereinigten Staaten entstehen, um den Staaten, die bereit sind, Rechte und Pflichten zu übernehmen, eine Alternative zu bieten. Joffe träumt von einer neu gegründeten Organisation der Vereinten Nationen unter der imperialen Kraft der Vereinigten Staaten. Schließlich sagt er die Möglichkeit einer Weltregierung voraus, indem er schreibt:

> Es ist möglich, dass nach einer Periode des Chaos und des Zorns, die ohnehin nur die bestehenden Zustände verstärken würde, die Institution [die Vereinten Nationen] zu Veränderungen gedrängt wird. (Beachten Sie die Verwendung des Begriffs „niedergeknüppelt" - CMP).

> Anstatt eines Clubs, der jeden aufnimmt, könnten die Vereinten Nationen des 21. Jahrhunderts - eines Tages, auf die eine oder andere Weise - in eine exklusive Gruppe auf Einladung umgewandelt werden, die nur aus Mitgliedern besteht, aus freien und demokratischen Staaten, die ähnliche Werte teilen. Oder letztlich durch eine einzige ersetzt werden. Dieser Tag wird jedoch vielleicht erst in Jahrzehnten eintreten.

Wenn man auch nur den geringsten Zweifel daran hat, dass er von einer Weltregierung spricht, braucht man nur Joffes Schlussfolgerung zu lesen:

> Der beste Weg, das amerikanische Imperium zu erhalten, besteht darin, es letztendlich aufzugeben. Eine Weltordnungspolitik kann nur mit einer amerikanischen Führung und von Amerikanern geleiteten Institutionen der Art, wie sie hier schematisch beschrieben werden, aufgebaut werden.

So ist es. Trotz aller Rhetorik über „Demokratie" geht es diesem pro-israelischen Ideologen zufolge in Wirklichkeit darum, die militärische Macht Amerikas zu nutzen, um eine ganz andere (geheime) Agenda voranzutreiben. Selbst viele derjenigen, die die amerikanische Flagge schwenken (und vielleicht echte Patrioten sind) und sich am Konzept des amerikanischen Imperiums ergötzen, mögen Joffes Konzepte als etwas anders empfinden, als sie es sonst wahrnehmen würden.

Doch genau hier, auf den Seiten einer pro-zionistischen Zeitung, erfahren wir, was die „Geschichte hinter der Geschichte" ist. Sie hat in Wirklichkeit nichts mit einem „starken Amerika" oder gar mit Amerika selbst zu tun.

Die Vereinigten Staaten von Amerika sind nur eine - wenn auch mächtige - Schachfigur in diesem Spiel, die von einer im Hintergrund agierenden Elite im Rahmen eines Plans zur Erlangung der Weltherrschaft rücksichtslos verschoben wird.

Und letztlich erfahren wir dadurch viel über die Identität der Hohepriester des Krieges und ihre Ziele. Es gibt keine Geheimnisse.

Unklar ist, was das amerikanische Volk - und alle anderen wahren Patrioten der Nationen auf der ganzen Welt - diesbezüglich zu tun gedenken.

Die Frage ist: Wird die Welt endlich beschließen, dass es an der Zeit ist, den Hohepriestern des Krieges den Krieg zu erklären

-MICHAEL COLLINS PIPER

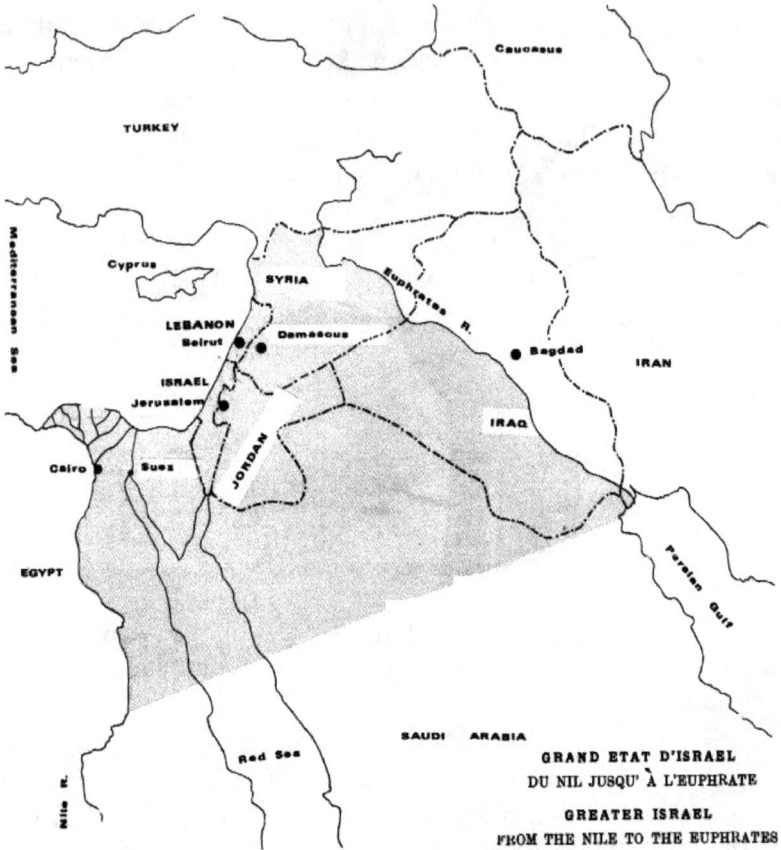

GRAND ETAT D'ISRAEL
DU NIL JUSQU' À L'EUPHRATE

GREATER ISRAEL
FROM THE NILE TO THE EUPHRATES

FOTO-ABSCHNITT

Diese Karte veranschaulicht, was die Hardcore-Neokonservativen in den USA und ihre Verbündeten in Israel als die ultimativen Grenzen des sogenannten „Großisrael" wahrnehmen. Obwohl die Neokonservativen bestreiten, dass dies ihr Ziel ist, ist die Wahrheit, dass viele zionistische Führer im Laufe der Jahre offen den Traum von „Groß-Israel" skizziert haben. Es ist bemerkenswert, dass die Grenzen von Groß-Israel einen Großteil des

Territoriums umfassen, das Nichtjuden auf der ganzen Welt als zu anderen Ländern gehörig anerkennen. Tatsächlich haben die meisten Menschen (selbst viele gut informierte Intellektuelle) keine Ahnung, dass dieses Konzept von „Groß-Israel" ein integraler Bestandteil der neokonservativen Sichtweise ist und dass der US-Krieg gegen den Irak ein erster Schritt zur Verwirklichung des Ziels von „Groß-Israel" war. Die Politik der neokonservativen Clique, die die Regierung von US-Präsident George W. Bush (unten links) kontrolliert, ist ideologisch und geopolitisch auf einer Linie mit den israelischen Expansionisten des Likud, die mit dem israelischen „Schlächter" Ariel Sharon (oben rechts) verbündet sind.

Die Ressourcen des Medienbarons Rupert Murdoch (links) sind eine der Hauptstärken des neokonservativen pro-israelischen Propagandanetzwerks. Seine Publikationen, wie die *New York Post* und der *Weekly Standard*, sind die wichtigsten Sprachrohre für Israels Interessen. Murdochs Kritiker argumentieren, dass er im Wesentlichen ein hochbezahlter „Strohmann" für milliardenschwere Förderer Israels wie Edgar Bronfman senior (Mitte), langjähriger Chef des Jüdischen Weltkongresses, und Lord Jacob Rothschild (rechts) vom legendären europäischen Bankenimperium, ist. Murdochs Propaganda wird ergänzt durch andere pro-israelische Verleger wie Mortimer Zuckerman (unten links), der Vorsitzender der Konferenz der Präsidenten der wichtigsten jüdischen Organisationen Amerikas war und *U.S. News & World Report*, *The Atlantic* und *The New York Daily News* besitzt, Martin Peretz (unten Mitte), Herausgeber der einflussreichen *New Republic*, und den koreanischen Sektenführer Sun Myung Moon (unten rechts), eine Schöpfung des koreanischen Geheimdienstes, der von der CIA kontrolliert wird. Moons Zeitung, die *Washington Times*, die praktisch das Organ des republikanischen Hauses ist, ist die meistgelesene neokonservative Tageszeitung in der Hauptstadt des Landes.

William Kristol (links) und sein Vater, Irving Kristol (rechts), sind die wichtigsten Publizisten des neokonservativen Netzwerks der Israel-Lobby. Der jüngere Kristol - ein „talking head", der in den Medien allgegenwärtig ist und dadurch unendlich viel Publicity erhält - ist Herausgeber und Chefredakteur von Rupert Murdochs *Weekly Standard* und leitet zwei große Organisationen, Empower America und das Project for the New American Century (Projekt für das neue amerikanische Jahrhundert). Der Älteste der Kristols - der als glühender amerikanischer Anhänger des sowjetischen Gangsters Leo Trotzki (unten links) begann und später mit zwei von der CIA finanzierten „kulturellen" Organisationen in Verbindung gebracht wurde - ist die treibende Kraft hinter zwei einflussreichen Zeitschriften, *The National Interest* und *The Public Interest*, und war der eigentliche „Pate" der neokonservativen Bewegung, der lange vor den Terroranschlägen vom 11. September 2001 sogar einen „Krieg gegen den Terrorismus" propagierte. Die Kristols sind eng mit der Lynde und Harry Bradley Stiftung verbunden, die zahlreiche neokonservative Frontgruppen finanziert. Ein langjähriger Mitarbeiter der Kristols, seit über 50 Jahren, ist ihr „ex-trotzkistischer" Kollege Norman Podhoretz (unten rechts), der als Chefredakteur von *Commentary*, der einflussreichen „neokonservativen"

Zeitschrift des American Jewish Committee, erheblichen Einfluss erlangt hat. Podhoretz' Sohn John schloss sich zunächst William Kristol beim *Weekly Standard an,* ist jetzt aber bei Murdochs *New York Post* untergekommen, wo er pro-israelische Artikel schreibt.

Seit den frühen 1970er Jahren waren Richard Perle (links) und Frank Gaffney (Mitte) Schlüsselagenten der Israel-Lobby auf dem Kapitol und arbeiteten im Büro von Senator Henry M. „Scoop" Jackson, einem fanatisch pro-israelischen Demokraten aus Washington (rechts), dessen Präsidentschaftsambitionen maßgeblich von Unterstützern Israels finanziert wurden. Während er zu Jacksons Team gehörte, wurde gegen Perle vom FBI wegen Spionage für Israel ermittelt, die Ermittlungen wurden jedoch eingestellt. Heute sind Perle und Gaffney Schlüsselfiguren im pro-israelischen Propagandanetzwerk der Neokonservativen. Weitere langjährige enge Mitarbeiter von Perle sind Michael Ledeen (unten links), ehemaliges Mitglied des Nationalen Sicherheitsrats der Reagan-Regierung, der die „kreative Zerstörung" der arabischen Welt forderte, Elliott Abrams (unten Mitte), der Schwiegersohn von Norman Podhoretz („ex-trotzkistischer" Partner des neokonservativen Paten Irving Kristol), und John Lehman (unten rechts), ehemaliger Marineminister, der einst gemeinsam mit Perle die Interessen eines israelischen Rüstungsherstellers förderte. Abrams ist heute der Nahostspezialist im Nationalen

Sicherheitsrat der Regierung von George W. Bush. Lehman ist Mitglied der Kommission, die die Terroranschläge vom 11. September „untersuchen" soll.

In den letzten Tagen der Regierung Gerald Ford (1974-1976) war Richard Perle eine Schlüsselfigur im offiziellen Washington. Er organisierte und förderte das „B-Team" aus proisraelischen Hardlinern, die daran arbeiteten, die Sache Israels innerhalb der US-Armee und der Geheimdienstgemeinschaft voranzutreiben. John Paisley (links), ein langjähriger CIA-Beamter, der sich energisch gegen die pro-israelische Propaganda des B-Teams wandte und hinter den Kulissen gegen sie arbeitete, wurde ermordet, höchstwahrscheinlich vom israelischen Mossad. Zu den „Falken", die Perle für das „B-Team" rekrutierte, gehörte auch Paul Wolfowitz (Mitte), der heute als stellvertretender Verteidigungsminister der einflussreichste Außenpolitiker in der Bush-"Dubya"-Regierung ist. Wolfowitz und sein Stellvertreter Douglas Feith (rechts), ein weiterer erfahrener Verteidiger Israels, sind die eigentlichen Verantwortlichen für den Verteidigungsminister Donald Rumsfeld (unten links). Ein Schützling von Wolfowitz, I. Lewis „Scooter" Libby (unten Mitte), leitet das Büro von Vizepräsident Dick Cheney (unten rechts). Vor seinem Aufstieg zum

Vizepräsidenten demonstrierte Cheney seine Verbundenheit mit Israel, indem er im Vorstand des mit Perle verbundenen Jewish Institute for National Security Affairs saß.

Der Geschäftsmann Michael Saba (links) und der erfahrene Journalist, dem dieses Buch gewidmet ist, Andrew St. George (rechts), stoßen an (oben). Die beiden Männer haben jahrelang eng zusammengearbeitet, um zu versuchen, den israelischen Spionageskandal, in den Stephen J. Bryen (ganz rechts), ein langjähriger Geschäftspartner von Richard Perle, verwickelt war, aufzudecken. Saba schrieb ein Buch über den Fall Bryen, *The Road to Armageddon*, während ihr Freund St. George zahlreiche Artikel über den Skandal auf den Seiten von *The Spotlight* schrieb, einer der wenigen Publikationen, die es wagten, sich mit dem Thema zu beschäftigen. Saba, eine arabisch-amerikanische Bürgerrechtlerin, fand sich rein zufällig in einem Washingtoner Café ein, als Bryen (damals ein hoher Kongressbeamter) gerade amerikanische Verteidigungsgeheimnisse an israelische Agenten weitergab. Saba überraschte die Intrige und berichtete, da sie Bryen erkannte, dem FBI, was geschehen war. Obwohl ein jüdisch-amerikanischer Bundesstaatsanwalt Bryen wegen Spionage anklagen wollte, wurde die Anklage aufgrund des Drucks von Bryens hochrangigen Verbündeten fallen gelassen. Bryen wurde später mit einem hochrangigen Posten im Verteidigungsministerium der Reagan-Regierung als Stellvertreter von Richard Perle belohnt und gründete später das einflussreiche Jewish Institute for National Security Affairs, das heute als leitende Kraft in der Außenpolitik der Bush-Regierung gilt.

Keine Beschreibung des Wahnsinns und Fanatismus, der in den Kreisen der Neokonservativen grassiert, wäre vollständig ohne einen Hinweis auf einen der eifrigsten Verteidiger Israels in Washington, Generalstaatsanwalt John Ashcroft (rechts), der vor der klassischen Statue „Der Geist der Gerechtigkeit" im Justizministerium zu sehen ist. Das Foto wurde aufgenommen, bevor Ashcroft 8.000 Dollar aus dem Geld der Steuerzahler ausgab, um die Brust dieses fabelhaften klassischen Kunstwerks zu verdecken, weil sie seine Gefühle verletzte. Es heißt, Ashcroft habe Angst vor Kattunkatzen (Kasten), weil er sie aus religiösen Gründen als „Werkzeuge des Teufels" betrachte. Die Beweise für die besondere Aktivität bekannter israelischer Geheimdienstagenten auf amerikanischem Boden - vor und am Tag der Anschläge vom 11. September - wurden von Ashcroft als „urbane Legende" abgetan. Dies ist nicht der Fall.

Einer der wichtigsten Akteure in Richard Perles Netzwerk ist Paul Nitze (links), ein Veteran des B-Teams, der Anfang der 1960er Jahre an der kürzlich aufgedeckten Operation Northwoods beteiligt war, die von einer anderen pro-israelischen Säule, General Lyman Lemnitzer (Mitte), geleitet wurde und bei der es darum ging, Terroranschläge auf amerikanischem Boden zu organisieren, die fälschlicherweise dem kubanischen Diktator

Fidel Castro in die Schuhe geschoben wurden. Daniel Pipes (rechts), der Sohn von Richard Pipes, einem Rekruten aus Perles B-Team, ist ein jüngerer Schützling Perles. Als virulenter Anti-Araber und Anti-Muslim genoss Pipes stets eine breite und freundliche Öffentlichkeit in den Medien. George W. Bush belohnte Pipes für seine Aufstachelung zum Hass, indem er ihn in das Amerikanische Friedensinstitut berief, das angesichts der Anwesenheit von Pipes seinen Namen offensichtlich zu Unrecht trägt.

Christopher Bollyn (oben) war einer der ersten Journalisten, der aufdeckte, dass die führenden Neokonservativen tatsächlich verkündet hatten, dass ein „neues Pearl Harbor" den USA als Vorwand dienen könnte, um eine Kampagne für ein globales Imperium zu starten. So geschah es auch, als „Dubya" Bush den Krieg gegen den Irak begann, nachdem er viele Amerikaner mit dreisten Lügen getäuscht hatte, indem er sie glauben machte, der Irak habe eine Rolle bei den Terroranschlägen vom 11. September gespielt. Tatsächlich hatte der berüchtigte Intrigant Henry Kissinger (links) bereits 1975 angedeutet, dass ein Krieg im Nahen Osten die Grundlage für die Errichtung einer neu ausgerichteten Welt von der Art sein könnte, wie sie sich die Neokonservativen erträumen.

Drei Figuren, die innerhalb der sogenannten „christlichen Rechten" die Agenda Israels fördern, verdanken alle ihre Karrieren der Schirmherrschaft der neokonservativen Bonzen William und Irving Kristol. William Bennett (links) - von Ronald Reagan mit Unterstützung von Irving Kristol zum Bildungsminister ernannt - verschaffte dem jungen Kristol seinen ersten hochrangigen Regierungsjob. Seitdem hat sich Bennett zu einem hochbezahlten Autor und Redner entwickelt und ist Co-Vorsitzender von Kristols Operation Empower America. Der ehemalige Botschafter Alan Keyes (Mitte), Zimmergenosse des jungen Kristol an der Universität, hat viel Geld verdient, indem er sich um verschiedene Ämter beworben und sich selbst hohe Gehälter aus seinen Wahlkampfgeldern gezahlt hat. Gary Bauer (rechts), der mit Kristol eine Ferienwohnung teilt, erklärt, die Unterstützung Israels sei ein Kernstück der christlichen „Familienwerte". Kritiker behaupten, dass die

„chancenlosen" Kandidaturen von Keyes und Bauer bei den Präsidentschaftsvorwahlen der GOP im Jahr 2000 von William Kristol angestiftet wurden, der hoffte, dass ihre Bemühungen Stimmen auf Kosten von Pat Buchanan - einem Israelkritiker - anziehen würden, der bei christlichen Wählern wegen seiner Ablehnung der Abtreibung beliebt war. Die Televangelisten (unten, von links nach rechts) Jerry Falwell, Pat Robertson und Tim LaHaye sind in der christlichen Rechten deutlich einflussreicher. Das Trio hat immense Gewinne durch Sende- und Verlagsverträge erzielt, die nur möglich waren, weil sie von mächtigen Familien und pro-israelischen Interessen „abgesegnet" wurden, die einen immensen und unbestreitbaren Einfluss auf die Medien ausüben.

Wenn diejenigen, die die Agenda der Medien kontrollieren, ein „gelehrtes" Gesicht suchen, um ihre Angriffe auf die arabische und muslimische Welt zu fördern, wenden sie sich an Bernard Lewis (links), einen Briten jüdischen Glaubens, der als Autorität über die islamische Welt gilt, dessen eigener ethnischer Hintergrund jedoch nie erwähnt wird. Lewis - der sein Sektierertum in eleganter Prosa drapiert - ist der Vater einer prominenten Persönlichkeit der Israel-Lobby AIPAC. Wenn die Medien sensationelle Geschichten über arabische Verschwörungen wollen, machen sie einen Hype um die Theorien des sogenannten „Terrorismusexperten" Steven

Emerson (Mitte), der kein „Experte" ist, sondern lediglich ein gut bezahlter und von zahlreichen pro-israelischen Quellen finanzierter Schmalspurschreiber. Charles Krauthammer (rechts), ein zum Journalisten umgeschulter Psychiater, der einen totalen Krieg der USA gegen die muslimische Welt fordert, ist ein besonders schriller neokonservativer Hass-Säer. Er übertrifft sogar die neokonservative Säule George Will durch sein obsessives Interesse an endlosem Blabla darüber, wie wunderbar Israel ist und wie schrecklich jeder ist, der es kritisiert.

Zwei enge Freunde und ehemalige Kongressabgeordnete, Newt Gingrich (links) und Vin Weber (rechts), sind zuverlässige Sprecher der neokonservativen Agenda. Gingrichs Frau erhielt sogar eine Zuwendung von einer israelischen Firma, als Newt im Kongress war. Als Newt im Scheckskandal des Repräsentantenhauses an den Pranger gestellt wurde und seinen Posten räumen musste, zahlte sich Webers Werben um Israel aus: William Kristol warb Weber als Co-Vorsitzenden seiner Einheit Empower America an. Weber und Gingrich wurden auch vom Council on Foreign Relations, dem „amerikanischen Cousin" des von den Rothschilds finanzierten Royal Institute for International Affairs in London, angeworben.

Die Senatoren John McCain (R-Ariz) - links - und Joe Lieberman (D-Conn.) - in der Mitte - gehörten zu den glühendsten Befürwortern des Krieges gegen den Irak im Kongress. Ein weiterer pro-israelischer Fanatiker, Senator James Inhofe (rechts), ein Republikaner aus Oklahoma, behauptete im Senat sogar, Gott habe eine geistige Tür geöffnet, die den Angriff vom 11. September auf die USA ermöglicht habe, weil diese Israel nicht ausreichend unterstützt hätten. Der Abgeordnete Jim Moran, ein liberaler Demokrat aus Virginia (unten links), wurde hingegen von den nationalen Medien missbraucht, weil er andeutete, dass die jüdische Gemeinschaft in den USA genügend Einfluss habe, um den Krieg gegen den Irak zu verhindern. Die Medien berichteten - nur einmal und beiläufig -, dass Morans Bemerkungen eine Antwort auf eine freundliche Frage eines jüdischen Wählers von Moran waren, der Morans Widerstand gegen den Krieg zustimmte. Senator Robert Byrd aus West Virginia (unten Mitte) und der Abgeordnete Dennis Kucinich aus Ohio (unten rechts) gehörten zu den wortgewaltigsten und offenherzigsten Kongressabgeordneten in ihrem Kampf gegen die Pläne der Neokonservativen, Amerika in einen Krieg zu ziehen. Die pro-israelischen Besitzer der wichtigsten Fernsehsender und Zeitungen revanchierten sich bei Kucinich, indem sie eine virtuelle Nachrichtensperre über ihre Präsidentschaftskampagne 2004 verhängten.

Obwohl Präsident George W. Bush (links) den irakischen Machthaber Saddam Hussein (Mitte) oft als „den Kerl, der versucht hat, meinen Vater zu töten" bezeichnet hat, womit er sich auf eine wenig überzeugende und scheinbar haltlose Verschwörungstheorie bezieht, der zufolge Saddam eine „Verschwörung" gegen Ex-Präsident George H. W. angezettelt haben soll. Bush (rechts), was der junge Bush nie erwähnt, ist, dass der Freund seines Vaters und republikanische Kollege, der ehemalige Abgeordnete aus Illinois Paul Findley (unten links) 1992 enthüllte, dass der ehemalige israelische Geheimdienstoffizier Victor Ostrovsky (unten Mitte) 1991 ein Komplott einer rechtsgerichteten Fraktion des israelischen Mossad aufgedeckt hatte, um den älteren Bush zu töten, den sie als Bedrohung für Israel wahrnahmen. Ostrovsky lieferte die Details dem ehemaligen Kongressabgeordneten Pete McCloskey (unten rechts), einem weiteren Freund Bushs, der daraufhin eine Warnung über das Komplott an den Geheimdienst weiterleitete. In seinem Buch *The Other Side of* Deception aus dem Jahr 1994 berichtet Ostrovsky, dass der Mossad geplant hatte, Bush während einer Konferenz in Madrid zu ermorden. Nachdem der Mossad drei palästinensische „Extremisten" gefangen genommen hatte, teilte er der spanischen Polizei mit, dass Terroristen auf dem Weg nach Madrid seien. Der Plan bestand darin, Bush zu töten, die Palästinenser am Tatort freizulassen und sie dort zu töten. Die Ermordung Bushs würde den Palästinensern angelastet werden - eine weitere „falsche Flagge" des Mossad. Die Mainstream-Medien berichteten nie über diese schockierende Geschichte.

Im Januar 2001, als die einfachen Republikaner die neue Bush-Regierung feierten und den viel bewunderten General Colin Powell, den neu ernannten Außenminister und Militärhelden, bejubelten, erhielten die Leser jüdischer Zeitungen wie *Forward* ein sehr negatives Bild von Powell. In einer Titelgeschichte vom 19. Januar 2001 (oben) berichtete *Forward*, dass die Israel-Lobby Powell misstraue und dass die „Falken" - die Neokonservativen - „seine Macht in der Außenpolitik beschränken und die Macht von [Verteidigungsminister] Donald Rumsfeld stärken" wollten.

Während die Neokonservativen begannen, für einen Krieg gegen den Irak zu trommeln, folgten Medien wie *Time* (Kasten) von Edgar Bronfman, dem Chef des Jüdischen Weltkongresses, und später *Newsweek* und dessen Schwesterpublikation *Washington Post* dem Beispiel von *Forward* und begannen, Powells Fähigkeiten in Frage zu stellen. Im Wesentlichen bestand Powells Verbrechen darin, dass er die Forderungen der Neokonservativen - von denen die meisten nie in der Armee gedient hatten -, die Amerikaner als Kanonenfutter für Israel in einen Krieg gegen den Irak zu schicken, nicht ausreichend unterstützt hatte. Zu den eifrigsten Verfechtern des „amerikanischen" Imperialismus gehören (unten, von links nach rechts) *Commentary*, herausgegeben von der New Yorker Sektion des American Jewish Committee, Rupert Murdochs *Weekly Standard* (herausgegeben von William Kristol) und *U.S. News & World Report*, der Mort Zuckerman, dem Vorsitzenden der Konferenz der Präsidenten der wichtigsten jüdischen Organisationen Amerikas, gehört.

Israel lobby behind Iraq war plan

Khaleeq Times 3/12

By Syed Qamar Hasan

ABU DHABI — Prominent American journalist Michael Collins Piper has said that there is sufficient evidence to confirm the fact that the Israeli lobby was the major force driving Americans to war against Iraq.

Speaking at the Zayed Centre for Coordination and Follow-Up in Abu Dhabi, Mr Piper warned the international community that the Israelis would take advantage of the war and would possibly deport Palestinians, in pursuance of their policy to create 'Greater Israel'.

Author of the acclaimed book, *Final Judgement*, which linked the Israeli intelligence

MICHAEL COLLINS PIPER

assassination of John F. Kennedy, Mr Piper denounced what he described as the policy of double standards being followed by the US government in dealing with the Iraqi issue.

He called upon the international community to take serious note of the atrocities hu-

inflicted upon the Palestinians by Israel. He said that the Americans were now convinced that any cooperation Saddam Hussein offered to the United Nations to get rid of weapons of mass destruction would not satisfy President George W. Bush.

Criticising the American bias in favour of Israel, Mr Piper said: "President Bush seems to be driven by Christian fundamentalism and strong influence of the Jewish lobby."

He cited the 1983 Capitol Hill incident when a 22-year old Israeli Jew strapped himself with explosives and threatened to blow up the place.

"This was buried some-

section," he said.

He also said that the Anti-Defamation League was hand in glove with Mossad and was functioning as an information gathering outfit for the Israeli spy agency.

"Several of the harsh reports in the US media about Saudi Arabia were taken verbatim from a 49- page, *White Paper* issued by the League.

He blamed Israel for the three major crises US polity faced during the latter half of the 20th century. He said the assassination of John. F. Kennedy, the Watergate scandal and the Monica Lewinsky affair had all been consequences of the Israeli policies vis-a

U.S. scribe urges concern for Palestinians

Piper denonounces U.S. double-standards in dealing with issue of mass destruction weapons

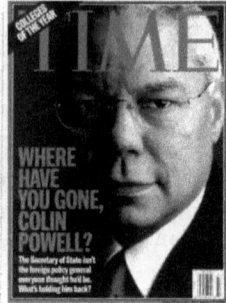

Im März 2003, am Vorabend der US-Invasion im Irak, war Michael Collins Piper, der Autor von *The High Priests of War*, in Abu Dhabi, der Hauptstadt der Vereinigten Arabischen **Emirate** (VAE), als Gast des distinguierten Zayed Centre for Coordination and Follow-Up, der offiziellen Denkfabrik der Liga der Arabischen Staaten. Über Pipers Vortrag, der sich mit der Voreingenommenheit der US-Medien zugunsten Israels **befasste**, wurde in **der** arabischen und englischen Presse des Nahen Ostens sehr positiv berichtet (siehe oben). Herr Piper war jedoch schockiert, als er erfuhr, dass sich auf Betreiben der Anti-Defamation League (ADL) der B'nai B'rith der Botschafter der Bush-Regierung in den Vereinigten Arabischen Emiraten an das Zayed-Zentrum wandte, um sich über Pipers Vortrag zu beschweren, und damit versuchte, die Rechte eines US-Bürgers auf den ersten Verfassungszusatz zu unterdrücken, während er sich auf fremdem Boden befand. Die ADL und das mit dem Mossad verbundene Middle East Media Research Institute (MEMRI) machten weiterhin so viel Wirbel um die Vorträge von Piper und anderen im Zayed-Zentrum, dass die Bush-Regierung schließlich so viel Druck auf die Regierung in Abu Dhabi ausübte, dass das Zayed-Zentrum geschlossen wurde, was zeigt, dass die Macht der israelischen Lobby zumindest indirekt sogar bis in die höchsten Kreise der arabischen Welt reicht.

1992 bemerkte der ehemalige Abgeordnete Paul Findley, dass „in allem, was über die Ermordung von John F. Kennedy geschrieben wurde, der israelische Geheimdienst Mossad nie erwähnt wurde, trotz der offensichtlichen Tatsache, dass die Mitschuld des Mossad genauso plausibel ist wie jede andere Theorie". Dennoch *dokumentierte* Michael Collins Piper - Autor von *The High Priests of War* - 1994 in seinem Buch *Final Judgment* (rechts) *die* Rolle, die der Mossad neben der CIA bei der JFK-Verschwörung gespielt *hatte*. Obwohl es nie in einer großen Buchhandlung zu kaufen war, sind heute rund 45.000 Exemplare von *Final Judgment* im Umlauf - mehr als von weiter verbreiteten Büchern zu diesem Thema. Auflage mit 768 Seiten (Bestellcoupon auf Seite 127) erklärt *Final Judgment*, wie die Ermordung von JFK der Israel-Lobby zu ihrer heutigen immensen politischen Macht verholfen hat. Das Buch zeigt, dass JFK (unten links) 1963 in einen geheimen und bitteren Konflikt mit dem israelischen Führer David Ben-Gourion über Israels Bereitschaft, die Atombombe zu bauen, verwickelt war. Ben-Gourion trat angewidert zurück und erklärte, dass wegen JFK „die Existenz Israels [in Gefahr war]". Nach der Ermordung von JFK nahm die amerikanische Politik gegenüber Israel sofort eine 180-Grad-Wendung. *Final Judgment* dokumentiert, was der israelische Journalist Barry Chamish als „ziemlich überzeugenden Fall" der Verwicklung des Mossad in die Ermordung von JFK bezeichnet. Tatsache ist: Als Jim Garrison, Staatsanwalt von New Orleans, den Geschäftsmanager Clay Shaw wegen Verschwörung zum Attentat verklagte, stieß Garrison auf die Verbindung zum Mossad: Shaw saß im Vorstand von Permindex, einer Fassade für die Waffenbeschaffungsgeschäfte des Mossad. Einer der Hauptaktionäre von Permindex, die in der Schweiz ansässige Banque de Crédit Internationale, war die Heimat von Tibor Rosenbaum, einem hochrangigen Mossad-Mitarbeiter, und der wichtigste Geldwäscher von Meyer Lansky, dem „Präsidenten" des Verbrechersyndikats und treuen Anhänger Israels. Geschäftsführer von Permindex war Louis Bloomfield aus Montreal, ein Agent der Familie Bronfman, enger Geschäftspartner von Lansky und prominenter Förderer Israels. *Final Judgment* hebt hervor, dass James Angleton, Verbindungsmann der CIA zum Mossad, ein glühender Anhänger Israels war, der ein falsches Szenario inszenierte, das den mutmaßlichen Attentäter Lee Oswald mit dem sowjetischen KGB in Verbindung brachte. Selbst „klassische" Quellen über das organisierte Verbrechen stellen fest, dass die wichtigsten Figuren der „Mafia", die beschuldigt wurden, hinter dem Mord zu stecken, Untergebene von Lansky waren. Oliver Stone hat diese Details in *JFK* möglicherweise ausgelassen, weil sein Film von Arnon Milchan finanziert wurde, einem israelischen Waffenhändler, der mit dem Schmuggel von Material für das israelische Atomprogramm in Verbindung stand, dem Streitpunkt zwischen JFK und Israel. Obwohl der israelische Diplomat Uri Palti Pipers These als

„Unsinn" und der pro-israelische Kolumnist George Will sie als „bösartige geistige Lizenz" bezeichnete, gab *die Los Angeles Times* widerwillig zu, dass *Final Judgment* „wirklich neu" sei, und erklärte, es „webe einige der wesentlichen Fäden eines Wandteppichs, den viele als einzigartig bezeichnen". In derselben Woche, in der die American Library Association 1997 die „Woche der verbotenen Bücher" sponserte, sorgte die Anti-Defamation League (ADL), eines der wichtigsten Räder der Israel-Lobby, für einen Aufschrei, als sie die Absage eines Universitätsseminars über die Ermordung von JFK durchsetzte, weil Piper als Rednerin eingeladen worden war. Die ADL befürchtete, dass „beeinflussbare" Studenten Piper ernst nehmen würden, war aber der Meinung, dass dieselben Kinder alt genug seien, um in fremden Kriegen zu kämpfen, um Israel zu schützen.

EIN BRIEF DES AUTORS:

Liebe Leserin, lieber Leser:

Mein erstes Buch, FINAL JUDGMENT, erklärte im Wesentlichen, wie und warum es der Israel-Lobby gelungen war, in Washington so mächtig zu werden - eine direkte Folge der Ermordung von JFK.

Es gibt natürlich diejenigen, die sich (aus Gründen, die ich verstehe) weigern, anzuerkennen, dass mein Vorwurf, der israelische Mossad habe eine Schlüsselrolle bei der Ermordung von JFK gespielt, auf einer soliden und gut dokumentierten Grundlage beruht.

Unbestritten ist jedoch, dass die US-Politik gegenüber Israel und der arabischen Welt nach der Ermordung von JFK eine unbestreitbare und unmittelbare 180-Grad-Wendung erfuhr und die Macht der Israel-Lobby in einem Maße zunahm, wie sie es zuvor noch nie getan hatte.

In *Die Hohepriester des Krieges* habe ich die „neokonservativen" Kräfte untersucht, die heute das Rückgrat der Israel-Lobby bilden. Sie haben ihre Macht auf eine Weise ausgeübt, die zu einer Tragödie für Amerika und die Welt geführt hat und in naher Zukunft mit Sicherheit zu weiteren Katastrophen führen wird. Sie sind schamlose Kriminelle der schlimmsten Sorte und ich zögere nicht, dies zu sagen.

Über diese Themen zu schreiben ist „radikal" und „kontrovers", aber, wie man so schön sagt, es ist eine Drecksarbeit und jemand muss sie machen. Ich entschuldige mich nicht dafür, die Wahrheit zu sagen.

Deshalb habe ich mich über die Unterstützungserklärungen und die konstruktive Kritik gefreut, die ich im Laufe der Jahre von meinen Lesern erhalten habe. Ich freue mich immer, Ihre E-Mails und Briefe zu erhalten und zu hören, was Sie zu sagen haben.

MICHAEL COLLINS PIPER

Andere Titel

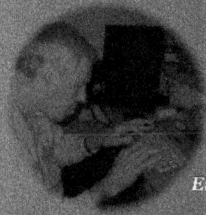

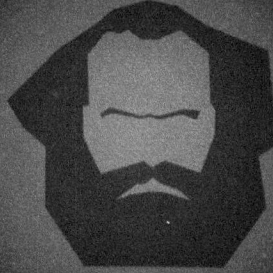

www.ingramcontent.com/pod-product-compliance
Lightning Source LLC
Chambersburg PA
CBHW070907270326
41927CB00011B/2489